本书是国家社科基金重大项目"现代国家治理体系下我国税制体系重构研究"（14ZDB132）的系列研究成果之一和国家社科基金一般项目"现代财政制度框架下的地方税系研究"（14BJY165）的最终结项成果。

国家治理现代化与地方税体系建设

周克清 著

中国社会科学出版社

图书在版编目(CIP)数据

国家治理现代化与地方税体系建设/周克清著. —北京：中国社会科学出版社，2023.7
ISBN 978-7-5227-2322-8

Ⅰ.①国… Ⅱ.①周… Ⅲ.①国家—行政管理—现代化管理—研究—中国②地方税体系—研究—中国 Ⅳ.①D630.1②F812.42

中国国家版本馆 CIP 数据核字(2023)第 134073 号

出 版 人	赵剑英
责任编辑	王 曦
责任校对	赵雪姣
责任印制	戴 宽

出　　版	中国社会科学出版社
社　　址	北京鼓楼西大街甲 158 号
邮　　编	100720
网　　址	http://www.csspw.cn
发 行 部	010-84083685
门 市 部	010-84029450
经　　销	新华书店及其他书店

印刷装订	北京君升印刷有限公司
版　　次	2023 年 7 月第 1 版
印　　次	2023 年 7 月第 1 次印刷

开　　本	710×1000　1/16
印　　张	12.5
插　　页	2
字　　数	165 千字
定　　价	69.00 元

凡购买中国社会科学出版社图书，如有质量问题请与本社营销中心联系调换
电话：010-84083683
版权所有　侵权必究

序 一

周克清教授的这本《国家治理现代化与地方税体系建设》，是我所主持的国家社会科学基金重大项目"现代国家治理体系下我国税制体系重构研究"系列研究成果之一。

党的十八届三中全会在首次提出全面深化改革总目标——完善和发展中国特色社会主义制度、推进国家治理体系和治理能力现代化——的同时，将财税体制改革的意义提升到了一个前所未有的新高度："财政是国家治理的基础和重要支柱，科学的财税体制是优化资源配置、维护市场统一、促进社会公平、实现国家长治久安的制度保障。"这启示我们，深化财税体制改革的目标是建立与国家治理体系和治理能力现代化相适应的现代财税体制。从"适应市场经济体制"到"匹配国家治理体系"，从"建立与社会主义市场经济体制相适应的财税体制基本框架"到"建立与国家治理体系和治理能力现代化相匹配的现代财税体制"，标志着中国的财税体制改革已迈上了一个新的更高的平台。

作为现代财税体制的重要内容之一的现代税收制度，规定了国家与社会成员之间最基本、最重要的分配关系。建立现代税收制度的核心或灵魂，在于以现代税收职能为标准，通过税制结构优化行动，打造一个融"优化资源配置、维护市场统一、促进社会公平和实现国家长治久安"于一身的"职能均衡"的税收制度形态——现代税收体系。毋庸赘述，地方税体系是现代税收体系的重要组成部分，现代税收体系建设离不开现代地方税体系建设。构建一个与国家治理体系和治理能力现代化相匹配的地方税体系，是国家治理体系和治理能力现代化征程上不可或缺的重要环节。

我国历来高度重视地方税体系建设。这些年来，特别是20世纪90年代的财税体制改革以来，在地方税体系建设方面，取得了长足进步。但总体来看，我国的地方税体系仍存在不少短板弱项。不但具有地方税属性的税种偏少，收入规模不大，而且在"营改增"的大潮中，曾经作为地方税几乎唯一存在的主体税种的营业税，也被纳入作为共享税的增值税框架之下。为了发挥中央和地方两个积极性，完善地方税体系，进而重塑地方政府收入来源体系，已属势在必行之举。

周克清教授的这本著作，对完善地方税体系、助力国家治理现代化进行了有益的探讨，提出了不少有见地的见解，具有一定的参考价值。比如，他将地方税体系建设的目标定位于国家治理体系和治理能力的现代化，特别是助推地方政府治理能力的提升。又如，他从省级和市县级政府的不同职能出发，构建了不同的地方税主体税种，以匹配不同的资金需求。他还从税收制度体系完善的角度出发，分析了我国主要地方税种的改革路径，为地方税体系建设指明了方向。

作为周克清教授的博士后合作导师，这些年来，我同他的交往颇多。从他身上，我看到了年轻一代经济学者奋发有为、努力为人民做学问的深厚情怀和奉献精神。希望他能够以这本书的出版为契机，不断探索新的研究领域，取得更为丰硕的研究成果。

中国社会科学院副院长　高培勇

2023年5月

序　二

　　多级政府框架下的地方政府履职能力与水平往往受制于地方政府的财权财力。地方政府的财权财力则取决于一个国家的国家结构形态、基本经济制度、经济管理体制、经济发展水平、财政体制等因素，并对国家统一、政治昌明、经济发展、社会和谐、文化繁荣、人民幸福具有能动的反作用。因此，如何有效地赋予地方政府恰当的财权财力——或中央财政拨款，或财政分级包干，或构建完备的地方税体系，便成为理论界和实务界的热门话题。在1994年实行分税制改革后，我国遵循民主集中制的原则，既致力于提高中央财政收入占全国财政收入的比重，又致力于构建以营业税和所得税为核心的地方税体系。只是随着所得税改为共享税和"营改增"的全面实施，地方税体系受到削弱，进而阻碍地方政府充分发挥履职尽责的主观能动性，最终可能迟滞国家治理体系和治理能力现代化。为此，以习近平同志为核心的党中央高度重视地方税体系建设。从党的十八大要求"构建地方税体系"，到党的十八届三中全会要求"完善地方税体系"和党的十九大要求"健全地方税体系"，都是党中央立足充分发挥中央与地方两个积极性、推进国家治理体系和治理能力现代化对地方税体系建设的决策部署与目标要求。《中华人民共和国国民经济和社会发展第十四个五年规划和2035年远景目标纲要》则进一步明确了"推进房地产税立法，健全地方税体系、逐步扩大地方税政管理权"的路线图。

党的二十大报告指出："从现在起，中国共产党的中心任务就是团结带领全国各族人民全面建成社会主义现代化强国、实现第二个百年奋斗目标，以中国式现代化全面推进中华民族伟大复兴。"国家治理体系和治理能力现代化是中国式现代化的重要组成部分。因此，深化财政体制改革、健全地方税体系，必将有利于处理好中央和地方政府间财政关系，进一步牢固财政这一国家治理的基础和重要支柱，进而推进国家治理体系和治理能力现代化，最终推进中国式现代化。周克清教授的专著《国家治理现代化与地方税体系建设》，对国家治理体系和治理能力现代化背景下的地方税体系建设分析精到，有不少真知灼见，对我国完善地方税体系、推进国家治理体系和治理能力现代化，具有非常重要的参考价值。

首先，作者将地方税体系建设置于现代财政制度建设，以及国家治理体系和治理能力现代化的背景和框架之中，最大限度地跳出了"就税论税"的窠臼。党的十八届三中全会提出全面深化改革的总目标是完善和发展中国特色社会主义制度，推进国家治理体系和治理能力的现代化。同时，习近平总书记在总结凝练古今中外财政理论与实践的基础上，创造性地从国家治理的视角对财政及其作用进行了新的诠释和定位，首次将财政、财税体制、现代财政制度建设和国家治理紧密相连，提出了"财政是国家治理的基础和重要支柱""科学的财税体制是优化资源配置、维护市场统一、促进社会公平、实现国家长治久安的制度保障"一系列光辉论断，为我国地方税体系建设提供了坚实的理论基础和根本遵循。因此，研究地方税体系建设便直接服从服务于国家治理体系和治理能力现代化，最终服从服务于中国式现代化。

其次,作者全面考察了地方税体系在国家和地方财政收入框架中的地位,探讨了地方税体系对于地方政府回应社会民众公共服务需求能力的影响机制,认为地方税体系建设对实现国家治理体系和治理能力现代化具有非常重要的作用。作者强调,地方税体系建设必须考虑我国宏观税负的稳定和税制结构的优化,必须与规范非税收入制度、转移支付制度及土地财政有机协调,切实转变地方政府行为。

最后,作者主张地方税体系建设必须考虑省级政府和市县级政府的不同职能,构建分层分级的地方税体系。作者认为,由于市县级政府主要承担资源配置职能,负责提供区域性公共产品,需匹配以受益性财产税为主体的地方税体系;由于省级政府不但承担资源配置职能,而且承担一定的收入分配和经济稳定职能,需匹配以共享税为主体的地方税体系。

周克清教授是西南财经大学财政税务学院的中坚与骨干教师,长期致力于财政基础理论和财税体制改革领域的教学与研究,取得了较为丰富的教学和科研成果,为学校的财政学科建设贡献了力量。我相信本书能够进一步激发学界同人和其他读者对国家治理体系和治理能力现代化背景下地方税体系建设的研究兴趣。作为他的同事,我衷心祝贺这个凝聚他心血的成果正式出版,真诚期待周克清教授不断有新成果问世,继续为我们的财政学科建设贡献力量!

西南财经大学党委副书记　马骁
2023年5月3日于光华园

目 录

第一章 绪论 ……………………………………………（1）
 第一节 问题的提出 ……………………………………（1）
 第二节 文献综述 ………………………………………（4）
 第三节 研究内容与观点 ………………………………（13）
 第四节 创新与不足 ……………………………………（21）

第二章 现代国家治理与地方税体系建设：理论分析 …………（23）
 第一节 国家治理与现代财政制度建设 ………………（23）
 第二节 地方税体系建设的逻辑起点 …………………（31）
 第三节 地方税体系建设的基本原则 …………………（38）

第三章 现代国家治理与地方税体系建设：现实格局 …………（45）
 第一节 我国现行地方税体系概述 ……………………（45）
 第二节 中央与地方政府收入结构 ……………………（50）
 第三节 地方税与地方财政收入结构 …………………（59）
 第四节 地方税与企业税费负担调查 …………………（71）

第四章　现代国家治理与地方税体系建设：影响机制 …………（85）
第一节　地方税收入对教育支出的影响 ……………………（85）
第二节　地方税收入对社保支出的影响 ……………………（98）
第三节　地方税收入对经济增长的影响………………………（108）

第五章　现代国家治理与地方税体系建设：目标框架 ………（117）
第一节　地方税体系建设的总体目标……………………………（117）
第二节　地方税体系建设的总体框架……………………………（120）
第三节　地方税体系的立法权建设………………………………（130）
第四节　地方税体系与政府间财政关系建设……………………（133）

第六章　现代国家治理与地方税体系建设：路径选择 ………（137）
第一节　货劳税制度建设的路径选择……………………………（137）
第二节　财产税制度建设的路径选择……………………………（150）
第三节　所得税与其他税收制度建设的路径选择………………（161）
第四节　政府非税收入制度建设的路径选择……………………（168）

参考文献 ……………………………………………………………（174）

后记与致谢 …………………………………………………………（189）

第一章 绪论

第一节 问题的提出

2013年,党的十八届三中全会报告《中共中央关于全面深化改革若干重大问题的决定》指出,全面深化改革的总目标是完善和发展中国特色社会主义制度,推进国家治理体系和治理能力现代化;并于2014年提出协调推进"四个全面"建设,即全面建成小康社会、全面深化改革、全面推进依法治国、全面从严治党,推动改革开放和社会主义现代化建设迈上新台阶。从国家管理到国家治理是我国治国理政思路的巨大转变,要求从政治、经济、社会管理的多个维度进行变革,对政府运行的方式及模式提出了更高的要求。实现国家治理的现代化要求必须进一步处理好政府与市场、政府与社会及政府之间的关系。如果说对于整个国家而言,全面深化改革的目标是实现国家治理体系和治理能力的现代化,那么这个目标对于地方政府而言也是同样适用的。地方政府实现治理体系和治理能力的现代化,需要诸多的配套条件。其中,尤以政府行为目标及行为方式的转变为根本要件。通常而言,政府行为目标及行为方式受到其筹资模式、规模及结构的约束。换句话说,地方政府治理体系的构建和现代化需要地方财源建设及财力结构的支撑,而地方税体系建设正是地方财源建设及财力结构优化的重要契机。地方税体系建设是税收制度改革的重要组成部分,更是现代财政制度建设的重要内容,是实现国家治理体系和治理能力现代化的重要手段,是中国式现代化的必由之路。

党的十八届三中全会进一步要求,"建立现代财政制度,发挥中央与地方两个积极性";"深化税收制度改革,完善地方税体系,逐步提高直接税比重"。显然,要发挥地方的积极性,就必须为地方政府的行为搭建良好的激励约束机制。在现有的财政制度框架下,地方政府的内源性税收(地方税)收入较少,而较多依赖转移支付收入、土地出让金等基金性收入和行政事业性收费收入,在一定程度上导致地方政府行为的异化。要建立对地方政府有效的激励约束机制,必须搭建起完善的地方税体系。

财政是国家治理的基础和重要支柱,而现代财政制度是全面深化改革的重要着力点和催化剂,因而2014年中央政治局率先推出《深化财税体制改革的总体方案》,要求重点改进预算管理制度,深化税收制度改革,调整中央和地方政府间财政关系。党的十九大报告也特别要求加快建立现代财政制度,建立权责清晰、财力协调、区域均衡的中央和地方财政关系;深化税收制度改革,健全地方税体系。时任财政部部长肖捷在2018年全国财政工作会上表示,要加快健全地方税体系,提升税收立法层次,完善税收法律制度框架。显然,地方税体系建设既是税收制度改革的重要内容,也是硬化地方政府预算软约束、优化中央和地方政府间财政关系的重要推手。在地方税体系缺位或不够完善的情况下,地方政府将会过度依赖中央政府的转移支付及土地转让金等非税收入渠道,其预算约束难以硬化,无法形成合理的政府间财政关系。

2008年国际金融危机之后，世界各国经济虽有短暂性的恢复，但尚未产生长期向好的内在动力；中国在经过长期的经济增长后进入了新常态，经济结构调整的压力不断加大。我国长期依靠大量要素投入和国际贸易为核心的增长模式受到日趋严苛的外部约束，产业结构升级换代的呼声越来越高，资源环境的可持续性要求不断优化经济增长的内在驱动力。特别是21世纪初期，我国大力发展房地产业，地方政府对土地出让金及房地产相关财税收入的依赖非常高；而现实是，土地资源有限，继续发展房地产业将进一步压缩其他实体经济的发展空间，不利于宏观经济的整体发展。在房地产业发展背景下衍生出来的"土地财政"对地方政府行为模式产生了深刻的影响，自身税收收入对地方政府行为的约束渐趋弱化。世界各国的财政经济实践表明，税收收入对政府行为的约束力最强，依赖税收收入进行相关活动的政府具有更强的规范性；相反，依靠其他收入来源开展活动的政府在相关事务的处理上具有更大的随意性和不可控制性。为优化宏观经济产业结构，实现产业升级换代，完善地方政府行为模式，对地方税体系进行优化和调整势在必行。

1994年分税制改革之后，地方税体系建设一直是我国税收制度改革的重要命题，是财政体制优化绕不开的一个重要环节。比如，国民经济和社会发展"十五"规划要求"完善地方税税制"，"十二五"规划要求"逐步健全地方税体系"；党的十八大报告要求"构建地方税体系"，党的十九大报告要求"健全地方税体系"；"十四五"规划要求"健全地方税体系，逐步扩大地方税政管理权"。由此可见，中央已经非常清醒地认识到地方税体系建设对整个国民经济发展的重要性。尽管我国不断完善地方税的种类及其税制要素，但总体上地方税体系的建设还是相对滞后的，从而导致地方财政支出严重依赖共享税收入、税收返还、转移支付及其他非税收入。特别是2012年我国启动"营改增"改革，并于2016年5月全面试点"营改增"改革后，营业税作为地方税体系曾经最大的收入来源正式退出历史舞台，这对地方财政收入的稳定造成了巨大的冲击。为此，地方政府不断寻求其他稳定的税收收入来源，故而对地方税体系建设提出了更为迫切的要求。

总的来说，地方税体系建设不但有助于构建合理的地方财源体系，而且有助于理顺政府间财政关系，调整国内产业结构，更重要的是有助于推进国家治理体系和治理能力的现代化，促进地方政府行为机制的转变，充分发挥中央和地方两个积极性。

第二节 文献综述

地方税体系建设是国内外税收制度建设的重要内容，受到国内外学界及实务界的高度重视。1994年我国建立分税制，形成中央税、地方税与共享税体系，但之后的税收制度建设主要是围绕中央税和共享税进行的，而地方税体系的建设相对滞后。随着政府间财政关系的演变、地方经济发展动力的更替，地方税体系的建设日渐提上议事日程，特别是2012年"营改增"的推出加速了地方税体系建设的步伐。总体来看，国内外关于地方税体系建设的文献主要涉及四个方面，分别是地方税建设的理论基础、税收收入的划分标准、地方税主体税种的选择、地方税体系建设的主要路径。

一 地方税体系建设的理论基础

国内外对为什么要建立或建设地方税进行了广泛的研究，比较典型的研究认为地方税体系的建设源于财政分权或地方政府存在的必要性，认为地方政府在公共产品或公共服务的供给上比中央政府更有效率。一般而言，过度的中央集权会导致政府提供公共产品的低效率，而一个适度分权的政府结构可以降低公共产品提供的成本并提高公共服务的质量，且分权化的决策更能够满足居民多样化的需求偏好。

比如，Tiebout（1956）认为，如果允许居民具有自由迁徙的权利，那么竞争的地方政府将能够提供符合居民需求的公共服务。在Tiebout看来，人们为了实现自身效用的最大化，通过"用脚投票"的方式选择自己喜欢的地区居住，让地方政府按居民的偏好来提供一定水平的公共产品，使地方政府所提供的公共产品水平与其征收的税收水平相吻合。由此，人们自由流动的结果表现为地方性公共产品得到有效供给，帕累托最优得以实现。Oates（1972）比较了由中央政府集中供应和地方政府分散供应公共产品的效率差异，证明了地方政府提供公共产品的优先性。地方政府比中央政府具有更大的改善公共服务的积极性。如果人口的异质性很强，需求偏好的差异性很大，那么地方政府在公共产品供给上的效率优势更加明显。Tresch（1981）认为，中央政府不如地方政府了解居民偏好，且对居民边际消费替代率的认识具有随机性，其提供公共产品过程中的不确定性破坏了完全知识的假定，中央政府提供公共产品不可能达到社会福利极大化。George Stigler（1957）认为，地方政府更接近本地公众，能更好地识别本地居民对公共产品的偏好，因此决策应该在最低行政水平的政府部门进行。总的来说，国外学者从不同的角度解释了财政分权条件下地方政府的效率优势，认为地方政府更了解辖区内社会公众对于公共产品的偏好，因而更能高效率地满足其需要。

国内学者也对地方税体系建设的理论基础进行了分析。唐向（2002）认为既然地方政府要提供地方公共产品，就需要独立的财力来源，需要建立地方税体系。贾康和白景明（2002）认为，既然政治体制上实行分级管理，那么财政也应当实行分级管理，每一级政府均有其独立的财政，相应地要建立地方税收体系。换句话说，就是要做到"一级政权，一级事权，一级财权，一级税基，一级预算，一级产权，一级举债权"。冯俏彬和李贺（2020）要求以中国式财政分权为地方税体系建设的理论基础，给予地方政府相应的税收管理权、立法权及税率确定权。王玉玲和胡瑞华（2022）认为，与租金依赖型和转移支付依赖型的地方政府相比，地方税依赖型的地方政府在居民参与度、社会依赖度、社会回应性、治理效率和治理水平等方面具有明显的优势，因而要求加强地方税体系建设。张斌（2021）认为，地方税是地方政府为辖区居民提供公共服务的基本资金来源，是政府与社会公众联系的利益纽带；地方税体系建设是推进国家治理体系现代化的重要组成部分。

另外，国内部分学者还从公共产品需求的层次性、差异性及供给的地域性等方面分析了地方税体系建设的理论基础。

尽管从财政分权的角度分析地方税体系的理论基础具有一定的合理性，但我国的政府间财政分权框架仍不稳定、清晰，在短期内受制于政治经济体制的制约也难以突破，还需要从政治经济改革的具体环境中探寻更为现实性的理论基础，从国家治理现代化的视角下分析地方税体系建设的理论基础。

二 税收收入的划分标准

建设地方税体系，必须确定建设哪些税种，其涉及税收收入的划分，即到底哪些税种适合作为地方税种，而哪些税种属于中央税种。

马斯格雷夫（1983）提出了著名的政府间税种划分原则，学界在此基础上进行了完善，形成了得到大致认同的税种划分基本准则。第一，与稳定国民经济有关的税种划归中央政府。第二，与收入再分配有关的税种划归中央政府。第三，税基流动性大的税种划归中央政府。第四，税基流动性较小的税种划归地方政府。第五，与自然资源有关的税种划归中央政府。第六，进出口税收划归中央政府。简而言之，地方政府所依托的税源应固定在其管辖的范围内，由中央控制用于保障社会再分配的累进税，由中央控制用于稳定社会政策性的税收，在各地方分布极不均匀的税源应由中央课征，对于收益税和使用费均可由各级政府征收。Robin Boadway（1979）认为，关系到全社会公平的所得税，应划归中央；关系到全国统一市场的形成与资源自由流动相关的资本税、财产转移税等应划归中央；涉及公平与效率的资源税，应划为共享税；对于非流动性的税收，应划为地方税；对于多环节征收的增值税、销售税应划归中央征收；对于单环节的销售税、零售税，应划归地方课征。Tiebout（1956）认为税收分割的核心在于各级政府所承担的事权大小。

国外学者就哪些税种适合作为地方税种提出了原则性的意见，而在中国的现实环境下应当将哪些税种划为地方税种呢？这不但需要理论角度的考量，而且需要切合现实的政治经济运行环境。事实上，由于大部分税种属于共享税或中央税，真正意义上的地方税种相对较少。

三 地方税主体税种的选择

地方税体系建设无法绕开主体税种的选择，即哪个或哪些税种应构成地方政府税收收入的主要来源。在地方税主体税种的选择标准上，邓子基（2007）认为地方税的主体税种应具备四大特性，即税基的固定性、税源的稳定性、征管的便捷性、税收收入和产业结构的调节性。在具体的主体税种选择上，Richard A. Musgrave（1983）认为，分权体制要求构建地方税体系，其中主体税种应以财产税和销售税为主。Oates（1999）则明确提出，财产税是地方财政收入的主要来源。

国内学者较多主张应以财产税作为地方税的主体税种，认为财产税较好地体现了受益原则，对经济扭曲程度最小且能提供稳定的收入来源。例如，胡洪曙（2011）综合国内外成功经验，建议把我国现行的房地产税收体系改革整合为新的财产税，并以此作为我国地方税收入的主要来源。黄琼和赵士祥（2004）、米建国和庞凤喜（2004）、刘荣（2005）、吴利群（2005）、齐美荣和敖汀（2009）、王蕴和田建利（2012）、赵灵萍（2012）等从不同角度分析了地方税体系建设，认为应当确立财产税在地方税体系中的主体地位。但是，李文（2014）测算了我国房地产税收入的规模，认为尽管房地产税改革对完善地方税体系意义重大，但短期内房地产税难以胜任地方税主体税种的角色。

国内部分学者还讨论了消费税作为地方税主体税种的可能性。比如，吴希慧（2014）认为，我国应对现行消费税进行改革和完善，使之承担起地方税主体税种的职责。尹音频和张莹（2014）认为，消费税不适合作为地方税，但可以改为共享税以增加地方税收入。杨志勇（2014）分析了消费税改革的趋势，认为消费税不能替代营业税成为地方主体税种的地位，地方税体系的完善应主要通过增值税和消费税的共享来解决。韩仁月和常世旺（2017）调查分析了消费税成为地方税的可能性，认为酒类消费税不适宜改为地方税。刘仁济等（2021）认为，消费税在短期内还难以成为我国地方税主体税种，但可以通过改革现行消费税制，使其成为地方税体系的重要组成部分。茅孝军（2020）认为，要将消费税转为地方税，应依据核心目标划分消费税税目类别，使具体目标与税目相对应；根据税目类别设计征收环节，尽量避免税制目标被地方政府竞争税收所影响；根据税目类别与征收环节设计收入分配方案，避免加剧地域发展不平衡。杨志勇（2021）进一步认为，不应纠结于以消费税还是其他税种作为地方的主体税种，而应从健全地方税体系转而考虑健全地方政府融资体系。

另外，林颖和欧阳升（2014）、高亚军等（2015）都认为应以零售税作为地方政府的主体税种。杨卫华和严敏悦（2015）比较了房产税、资源税、消费税、企业所得税等税种的职能与特点，认为将企业所得税作为地方税主体税种是科学的选择。王森（2020）认为，我国应当将企业所得税或房产税培养为地方主体税种。还有部分学者则主张分别建立省级和市县级地方税体系并分别配之以主体税种。比如，胡洪曙（2011）认为省级政府的主体税种应为营业税与增值税，市县级政府的主体税种为改革后的房地产税。马海涛和姜爱华（2011）认为省级政府可以将营业税作为主体税种，县级政府在短期内可以将城市维护建设税作为财源支柱，长期来看应将财产税作为主体税种。吕冰洋（2013）认为，县级政府的主要税收来源可选择零售税，或按消费地原则分配增值税；省级政府的主要税收来源为个人所得税对劳动所得综合征收部分。

总的来说，国内外学界对地方税主体税种的选择有诸多讨论，特别是对财产税、消费税、企业所得税及其他地方主要税种担当主体税种的可能性进行了分析。现实地看，我国可能难以选出一个税种来承担地方税的主体税种，因为它无法获得当年营业税在地方税体系中的地位。严格意义上说，中央税也没有一个主体税种，尽管消费税、关税及海关代征进口环节增值税、消费税的比重较高，但与增值税相比，其规模和地位都远远逊色。因此，在为地方税体系选择主体税种时，可以将眼光放长远些，不用太纠结于用某个具体的税种来做主体税种。

四 地方税体系建设的主要路径

关于地方税体系如何建设，学界讨论较多。比如，李升（2012）讨论了地方税体系建设的理论依据和现状，并提出了四个方面的思路，即逐渐赋予省级政府适当的税政管理权；合理界定各级政府间的财力，调整和优化中央与地方税收收入划分；深化分税制改革，遵循财力与事权相匹配原则，逐步确定各级财政的主体税种；科学合理地改革地方税种，完善地方税制。郭庆旺和吕冰洋（2013）主张将消费环节的商品和个人收入作为地方税税基，开征零售税或调整增值税的收入分成并结合房产税来建设地方税体系。刘建徽等（2014）认为，我国应该将消费税、车辆购置税、环境税、非央企企业所得税划归地方政府，建立财权与事权相匹配的地方税体系。徐建国（2014）对我国现行地方税体系的运行情况进行了评估，对地方税体系进行了国际化比较与借鉴，并提出了我国构建地方税体系的总体思路和具体框架。王乔和席卫群（2015）在现代国家治理的框架体系下讨论了地方税体系的构建。葛静（2015a）主张以现代房地产税为核心构建地方税体系。石子印（2015）认为，地方税应该按照收益权标准配置，其主体是地方政府对增值税的共享部分，地方政府的独享税种仅发挥补充作用。葛静（2015b）进一步分析了学界关于地方税体系改革的诸多方案，认为货物与劳务税不适合作为地方税主体税种，"房地产税＋土地增值税＋资源税"的组合可以成为我国地方税体系建设的长期方案。张斌（2016）认为，中国现阶段的地方税体系建设需要在事权、事责、财权、财力的框架下，从全口径预算和地方政府财力结构优化出发，结合地方政府支出结构及各项收入确定地方税的合理规模。谷成和李超群（2020）认为，地方税体系建设要在明确政府间事权和支出责任的基础上划分税收，协调政府间转移支付和地方税的关系，使地方政府形成相对稳定的税收收入预期。

另外，刘剑文（2016）分析了地方税的立法权纵向授权机制，认为人民政府不能成为被授权对象，不得转授权，确保地方人大及其常委会有能力主导税收立法权。刘佐（2016）分析了《中华人民共和国立法法》修正后，如何落实地方税的税收法定原则。熊伟（2016）认为，赋予地方选择权的税收立法实践，比中央统一立法、地方强制实施的模式，更有利于照顾地方实际情况，尊重地方财政自主权，也更有利于防止制度浪费。于淼（2021）认为，将税收法定划分为形式法定与实质法定，可以为证成地方税立法权提供法理基础，进而改变政府主导的局面，明确税收立法授权对象，在最高权力机关的统领下赋予地方权力机关一定的自主权，为完善地方税体系提供有力支撑。

罗鸣令和祝心怡（2016）从地方债务风险防控的角度分析了地方税体系的建设思路。王敏和曹润林（2015）从推进城镇化进程的角度分析了完善分税制和地方税体系的路径，比如完善财产行为税，推进个人所得税分类综合征收，加快资源税改革等。张德勇（2018）认为，应当把共享税作为健全地方税体系的主力，合理划分事权和支出责任，适当扩大地方税收管理权限。陈龙和吴波（2020）认为，健全地方税体系需要处理好中央控制能力和地方自主能力、公共服务的受益性与供给效率、价值理性与工具理性等诸多关系，以国家治理效能的提升为重心，中短期以共享税分成比例和模式的优化为主，并辅之以差异性地方专属税种；长期则应着眼数字经济、信息经济等经济形态的变化，加快调整建立在工业化基础之上以增值税为主的税制结构，提升直接税的比重，并与土地出让金制度改革、加大中央事权结合起来，提升地方专属税种的地位，形成新的地方税体系格局。王玉玲和胡瑞华（2022）认为，健全民族地区地方税体系要从现实基础出发，进行差别化调适，包括以资源税为主体税种、重视受益性税种作用、结合民族地区现实完善地方税制，以便更好地提高民族地区自我发展能力。

邓力平和邓秋云（2022）指出，围绕健全地方税体系这一重要财税改革任务，基于"既有共性、更有个性"的思路，可建构"一个坚持、两个必须、一个可以"的分析框架，即坚持"党管税收"和"税收为民"的高度统一；必须以"财税联动"为原则，注重地方税体系健全与央地财政关系改革协同推进，必须以"完善税制"为导向，实现健全地方税与直接税体系双重目标；可以将"房地产税试点"作为契机，加速地方税体系健全进程。

总的来说，国内外文献对地方税体系的建设进行了较为深入的研究，基本厘清了地方税体系建设的理论基础，阐释了税收收入划分的基本原则及地方税主体税种选择的基本标准，讨论了我国地方税体系建设的具体路径。上述文献为进一步深入讨论该命题给出了丰富的素材，或是提供了理论支撑和逻辑起点，或是铺设了方法与技术手段。但笔者认为上述文献至少还存在三个方面的遗憾：一是地方政府到底应当承担何种职责、具备何种职能，故而应当建设何种性质和规模的地方税体系并没有得到学界和实务界的一致认同。此为建设地方税体系的根本前提条件。二是现有文献没有将地方税体系建设置于国家治理机制转换和现代财政制度建设的背景下进行研究，没有深入探讨地方税体系建设对地方社会经济发展的影响，比如对政府行为机制的影响。三是较少从税制结构优化的角度进行地方税体系建设的研究，基本没有深入分析地方税体系建设对地方税收收入的影响，缺乏更为深入有效的实证分析，导致现有文献大多以描述性研究为主，缺乏充分的说服力。

第三节 研究内容与观点

一 研究对象

1. 地方税范围的框定

关于地方税范围的框定，学界讨论颇多，但争论也不少。关于地方税，通常根据管理权限分为四种类型：一是地方税立法权与管理权完全归于中央政府；二是地方税立法权与管理权归于中央政府，地方政府具有一定的管理权；三是地方税立法权与管理权主要归于中央政府，地方政府具有部分税种的立法权与管理权；四是地方税立法权与管理权完全归于地方政府。Bird（2010）指出，一个完全的地方税应该满足5个条件：第一，地方政府决定是否征收；第二，地方政府决定具体的税基；第三，地方政府决定税率；第四，地方政府负责具体征管（评估、征收和实施）；第五，地方政府占有征收的全部收入。事实上，作为一个单一制国家，中国立法权限更多集中在中央政府，省级以下地方政府的立法权限相对较少。《中华人民共和国立法法》（2015年修正）第七条规定，全国人民代表大会和全国人民代表大会常务委员会行使国家立法权，全国人民代表大会制定和修改刑事、民事、国家机构的和其他的基本法律。其中，税种的设立、税率的确定和税收征收管理等税收基本制度只能通过制定法律来实现。按照《中华人民共和国立法法》

（2015年修正）第六十五条的规定，国务院根据宪法和法律，制定行政法规。我国现行税收法律制度框架主要包括法律和行政法规两个层级，省级以下地方政府尚不能制定税收法律和税收行政法规，但可以就地方税的某些征管细节作出明确的规定。由此可见，无论是中央税还是地方税或共享税的立法权都集中在中央政府，地方政府的立法权限极为有限。在此环境下，要讨论第一种地方税和第二种地方税都是不现实的。因此，学界大多将征管权和收入权归属于地方层级的税收框定为地方税。1994年分税制改革后，我国建立了国税和地税两套税收征管系统，对这种地方税范围的讨论是合适的。但是，我国于2018年将地税系统并入国税系统，地方税收征管系统被撤销，所有的税收收入都经由国家税收征管系统征收。因此，我们必须将地方税的范围从地方政府征收管理的税收扩展到地方政府拥有收入的税收，换句话说，关于地方税体系的讨论不但涉及传统意义上由地方政府征收管理的税收收入，而且包括与中央政府分享的税收收入。

2. 地方税的由来

1950年我国颁布实施了《全国税政实施要则》、《关于统一全国税政的决议》和《全国各级税务机关暂行组织规程》，从而建立起新中国第一套统一的税收制度。由于国家尚处在经济恢复时期，国家实行了"高度集中，统收统支"的财政体制，因而并不存在严格意义上的地方税制或地方税体系。事实上，在整个计划经济时期，国家财政经济管理以统一管理为主、以分级分散管理为辅，地方税制或地方税体系都不够健全。随着我国放权让利型改革逐步推开，特别是"两步利改税"之后，我国于1985年实行了"划分税种，核定收支，分级包干"的财政体制，从而建立起初步的地方税体系。彼时的地方固定收入包括地方国营企业缴纳的所得税和调节税、农业税、牧业税，集体企业缴纳的所得税、牲畜交易税、车船使用牌照税、契税、城市房地产税、屠宰税、集市交易税、城市维护建设税，石油部等单位所属企业缴纳的产品税和增值税的30%，待开征的土地使用税、车船使用税和房产税。但到1988年，我国实行了多种形式的财政包干体制，从而在实质上废除了1985年构建的地方税体系。

为建立适应社会主义市场经济体制的财政体制，我国于1994年推出了分税制财政体制，将主要税种划分为中央固定收入、地方固定收入和共享收入，从而重建了地方税体系。此时的地方固定收入主要包括营业税（不含铁道部门、各银行总行、各保险总公司集中缴纳的营业税）、地方企业所得税（不含地方银行和外资银行及非银行金融企业所得税）、个人所得税、城镇土地使用税、固定资产投资方向调节税、城市维护建设税（不含铁道部门、各银行总行、各保险总公司集中缴纳的部分）、房产税、车船使用税、印花税、屠宰税、农牧业税、农业特产税、耕地占用税、契税、土地增值税等。

20世纪90年代中期的税收收入划分有较为明显的行政隶属关系特征，即哪一级政府所属企业所缴纳的税收就由哪级政府享有。比如，中央企业的企业所得税和上缴利润归中央所有，铁道部门、各银行总行、各保险总公司等集中缴纳的收入（包括营业税、所得税、利润和城市维护建设税）等都归中央所有。在地方层级上，各级政府所属企业缴纳的企业所得税及营业税等通常也由本级财政所有。为了理顺政府与企业的关系，优化税收征管关系，我国于20世纪90年代后期开始逐步推行属地化管理原则，即根据企业所在地确定征管机构，大幅度撤销直属征管机构，企业缴纳的税收开始与其行政隶属关系逐渐脱钩。特别是随着我国开展"抓大放小"工程，国有企业数量大幅度减少，从而为税收征管的属地化提供了良好的基础。

同时，我国还不断优化税收收入分成及归属原则。比如，我国于2002年将企业所得税和个人所得税从原来按照隶属关系确定收入分配原则，调整为中央和地方共享。1994年证券交易印花税属于共享税，分享比例为5∶5，后调整为中央97%、地方3%，到2016年证券交易印花税调整为中央固定收入。我国于2001年开征车辆购置税，确定为中央固定收入；2006年在停征农业税和农业特产税的基础上开征了烟叶税，确定为地方税。2016年对增值税分享方案进行调整，由中央和地方按照5∶5的比例分成，从而终结了二十多年的75∶25分成规则。

至此，1994年确定的中央税、地方税和共享税格局发生了较大的变化。中央税主要包括关税、消费税、海关代征消费税和增值税、车辆购置税、证券交易印花税、船舶吨税；共享税包括增值税、企业所得税、个人所得税、资源税等；地方税主要包括城市维护建设税、房产税、城镇土地使用税、土地增值税、车船税、耕地占用税、契税、印花税、烟叶税等。

考虑到2018年我国将地税系统并入国税系统，地方税收征管系统被撤销，所有的税收收入都经由国家税收征管系统征收，如果再继续以1994年分税制改革确定的中央税、地方税与共享税来讨论地方税体系建设，就失去了现实意义。因此，本书将狭义的地方税与地方的共享税收入一并纳入讨论范畴。

二　研究内容

本书以国家治理与现代财政制度的构建为分析基础，从地方税体系建设的理论分析入手，分析了我国地方税体系建设的现实格局，探讨了地方税体系对政府治理与经济增长的影响机制，并据此研究了我国地方税体系建设的目标与路径选择。本书遵循理论研究—实证研究—对策研究的路径展开，共分为三个部分计六章；其中，第一章为绪论，第二章为理论分析，第三章和第四章为实证分析，第五章和第六章为对策分析。

第一章为绪论。本部分主要包括问题的提出、文献综述、研究内容与观点、创新与不足等内容。

第二章为现代国家治理与地方税体系建设：理论分析。本章主要分析了国家治理与现代财政制度建设的基本框架，主张地方税体系的建设必须服务于国家治理体系和治理能力的现代化，在现代财政制度框架下重新定位政府与市场的关系、政府与社会组织的关系、政府与纳税人之间的关系及各级政府之间的关系；探讨了地方税体系建设的逻辑起点，主张构建稳定的政府间关系，明确界定地方政府的支出责任，明确界定地方政府的融资渠道；提出了地方税体系建设的基本原则，即提升国家治理能力的原则，分级分层构建地方税体系的原则，优化国家整体税制结构的原则，税费联动降低宏观税负的原则。

第三章为现代国家治理与地方税体系建设：现实格局。本章首先分析了我国现行地方税体系，重点讨论了非税收入体系的基本沿革和基本框架；其次讨论了中央与地方政府的收入结构，重点讨论了一般公共预算收入、国有资本经营预算收入和政府性基金预算收入的内部结构；再次探讨了地方财政收入的结构，重点分析了地方税在国家财政收入中的地位，地方政府收入、地方公共财政收入、地方税收收入的结构以及地方公共财政收入的地区结构；最后通过问卷调查分析了企业的税费负担，特别是地方税及相关税费的情况。分析表明，地方税体系无论是在国家财政收入体系中还是在地方财政收入体系中的地位都不高。

第四章为现代国家治理与地方税体系建设：影响机制。本章主要讨论地方税收入对政府行为的影响机制，重点探讨了地方税收入对教育支出、社会保障支出及经济增长的影响机制。实证研究表明，地方税收入能够很好地回应民众对于教育的需求，但对社会保障需求的回应度不够，也能够在一定程度上促进地方经济增长。总体上，地方税体系建设在促进国家治理体系和治理能力现代化方面还有一定的提升空间。

第五章为现代国家治理与地方税体系建设：目标框架。本章主要讨论了地方税体系建设的总体目标与框架，要求地方税体系建设必须着眼于提高地方政府的治理能力，维护市场统一和促进社会公平，建立现代税收制度和优化税制结构，构建稳定的政府间财政关系；分析了地方税体系的立法权建设，认为短期内无法赋予地方政府较多的税收立法权；还讨论了完善政府间财政关系，以促进地方税体系建设。

第六章为现代国家治理与地方税体系建设：路径选择。本章重点讨论了货劳税、财产税、所得税及其他税收制度的建设，并讨论了非税收入制度建设的路径选择等内容，以期构建起服务于中国式现代化的地方税体系。

三 基本观点

地方税体系建设必须突破就税论税的困境，必须置于现代财政制度的框架下进行，置于国家治理体系和治理能力现代化的背景下展开。长期以来，我国地方税体系建设的相关研究一直是在税收制度改革的框架内展开，缺乏宽广的视野，致使改革的思路一直难以得到突破，提出的相关观点缺乏建设性。党的十八届三中全会提出，推进国家治理体系和治理能力的现代化，要求建立现代财政制度，并将其视为国家治理的基础和重要支柱，为我国地方税体系建设提供了良好的理论基础。为此，地方税体系的建设必须正确处理政府与市场的关系，确保市场在资源配置中起到决定性的作用；必须正确处理政府与社会组织的关系，发挥社会组织在国家治理中的有效作用；必须正确处理政府与纳税人之间的关系，必须正确处理中央政府与地方政府及地方政府之间的关系。

地方税体系建设必须考虑省级政府和市县级政府的不同职能，从而构建分层分级的地方税体系。现有文献在研究地方税体系时，大多是笼统地构建一元化的地方税体系，即不区分省级政府和市县级政府对资金的差异性需求，可能导致省以下新一轮的分成制改革；部分文献虽然主张分别构建省级地方税和市县级地方税，但其分别构建地方税体系的理论基础非常单薄，缺乏充分的说服力。实际上，省级政府和市县级政府具有不同的职责，或者说担负差异化的职能。如果说中央政府主要担负收入分配和经济稳定职能，兼顾资源配置职能，次中央的省级政府不仅要担负资源配置职能，还必须在一定程度上兼顾收入分配和经济稳定职能，而基层的市县级政府则主要担负资源配置职能。其原因在于中国幅员辽阔，次中央的省级政府管辖范围较宽，域内社会经济发展差异较大，单依靠中央政府无法实现域内收入公平分配，难以实现域内经济稳定发展。正是由于省级政府和市县级政府的职能存在较大的差异，不能简单地构建一元化的地方税体系。由于市县级政府主要担负资源配置职能，或承担提供区域性公共产品的职责，需要构建以受益性财产税为主体的地方税体系与之相匹配；由于省级政府不仅担负资源配置职能，需要提供区域性公共产品，而且要通过财税及相关经济手段实现收入公平分配和经济稳定,需要构建以共享税为主体的地方税体系与之相匹配,从而形成分层分级的地方税体系框架。

地方税体系建设必须考虑我国宏观税负的稳定和税制结构的优化。1994年以来,我国宏观税负不断上升,狭义宏观税负约为20%,而中义宏观税负水平约为33%,而广义宏观税负则可能更高。如果地方税体系建设进一步提高宏观税负水平,既不利于市场在资源配置中起决定性作用,又不利于国家治理体系和治理能力的现代化。为此,尽管地方税体系建设可能需要设立一些新税种或改造一些税种,但整体宏观税负水平基本稳定仍必须作为改革的一个基本原则。同时,由于我国间接税为主体的税制结构既不利于税价关系的合理化,又不利于形成优化的收入分配机制,不利于宏观层面上调整经济结构、转变经济增长方式,亟须逐步降低间接税的比重,而相应提高直接税的比重。地方税体系的建设为其提供了一个良好的契机,即通过重点建设直接税,提高直接税在全部税收收入中的比重,进而改善我国的税制结构。

地方税体系建设必须将非税收入制度、转移支付制度及土地财政行为结合起来,切实转变地方政府行为机制。在地方税体系建设相对滞后的背景下,地方政府被迫依赖转移支付制度,致使地方政府施政的自主性受到严重影响,社会经济发展的可预期性较差;地方政府依赖土地财政,致使地方社会经济发展遭到房地产行业兴衰的绑架,由此产生的官商共荣利益关系激化了社会群体之间的矛盾。本书的研究表明,地方税收入比重的上升提高了地方政府施政的自主性,形成差异化取向的地方政府,能更好地满足辖区居民的偏好;同时,地方税收入比重的上升也会提高地方政府对教育、社保、卫生、环境等与辖区居民利益直接相关的投入。更为重要的是,地方税体系的建设将为地方政府带来稳定的资金来源,从而减缓地方政府对土地出让收入的渴求程度。

第四节 创新与不足

一 研究方法

本书注重理论分析的科学性、实证检验的准确性和翔实性，论据力求客观、结论力求适用。为此，本书以理论分析和经验证据相结合，科学实证地分析地方税体系相关问题，努力实现预期目标。本书不仅讨论了我国地方税体系在整个国家财政收入体系及地方财政收入体系中的地位，而且运用计量模型研究了地方税体系对教育支出、社会保障支出及经济增长的影响机制。为了更有效地展开相关研究，本书不断加大文献资料检索的力度，采用问卷调查等方法收集整理了大量数据，并实地走访了相关财税机构和财税专家，获取了第一手资料并征求意见，力求研究成果的科学性和可操作性。

二 可能的创新

本书将地方税体系建设的研究置于国家治理现代化的背景下，服务于现代财政制度建设与中国式现代化，突破了现有"就税论税"的研究思路。本书运用计量模型研究了地方税体系对地方政府行为的影响机制，突破了现有研究主要以描述性分析为主的状况。本书以省级政府和市县级政府不同的职能或职责为出发点，提出构建分层分级的地方税体系，不仅突破了原有一元化的地方税体系研究框架，而且统一了分级地方税体系的理论基础，而不仅仅是简单地为省级政府和市县级政府提供相应的财政资金。

三 局限与不足

地方税体系建设是我国 1994 年分税制改革定型后财税领域全面深化改革的重要内容，无论是党的十八届三中全会还是党的十九大，无论是国家"十三五"规划还是国家"十四五"规划和 2035 年远景目标纲要，都明确提出要加强地方税体系建设。本书以此为基础进行研究无疑是有非常重要的理论与现实意义的。但是，地方税体系建设涉及中央与地方政府间财政关系、现代税收制度建设、非税收入制度建设及政府治理体系重构等诸多命题，改革攻坚难度大，且因笔者学识有限而不能洞彻地方税体系建设的诸多问题，故尚需集合更多学界及实务界的力量才能真正在国家治理现代化背景下建立起科学有效的地方税体系。

第二章 现代国家治理与地方税体系建设:理论分析

第一节 国家治理与现代财政制度建设

一 治理与现代国家治理

1. 治理是什么?

英语中的"治理"(governance)一词源于拉丁文和古希腊语,原意为控制、引导和操纵;而经济生活中的"治理"一词则最初由伯利与米恩斯(1932)提出,他们开创了至今仍影响深远的公司治理理论。"治理"一词在政治学上得以发掘并发扬光大,始于20世纪80年代末期的西方国家和一些国际组织(如世界银行、国际货币基金组织以及经合组织等)。为避免给受援国带来推行政治观念的印象,世界银行等国际组织在为发展中国家提供相关援助贷款时,逐渐摒弃了过去常常使用的"普世性"概念,而采纳较为技术性的"治理"概念。比如,全球治理委员会(1995)认为,治理是指"各种公共的或私人的个人和机构管理其共同事物的诸多方法的总和,是使相互冲突的或不同的利益得以调和并且采取联合行动的持续的过程"。俞可平（2000）指出，治理是与统治有着重要区别的政治范畴。其中，政府统治的权力运行方向总是自上而下的，它运用政府的政治权威，通过发号施令、制定政策和实施政策，对社会公共事务实行单一向度的管理；而治理则是一个上下互动的管理过程，通过合作、协商、伙伴关系、确立认同和共同的目标等方式实施对公共事务的管理。

由此观之，西方治理理论主张加强政府与市场、社会组织之间的合作协商，实现政府与社会多元共治及社会的多元自我治理。在西方治理理论的基础上，任一和周立群（2008）、鲁子问（2009）、徐湘林（2014）等分析了国家治理的内涵及相关问题。与此同时，刘家义（2012）、王浦劬（2014）、江必新和邵长茂（2015）、陈炳辉（2016）、吕同舟（2017）、王浦劬和季程远（2018）、俞可平（2019）、顾昕（2019）、燕继荣（2020）、马骏（2022）、杨雪冬和陈晓彤（2022）等学者基于国内的特定语境及话语系统深入研究了国家治理的相关问题。

总的来说，治理与国家治理的概念演化与理论变迁，适应了社会利益多元化发展的基本趋势，反映了政府、市场与社会组织多元互动的基本格局。尽管现代国家治理的发展并不会完全替代国家统治或社会管理，但其必然对国家和社会的统治或管理产生深远的影响。

2. 国家治理模式的变迁

早期的国家治理通常是指国家的最高权威通过行政、立法和司法机关以及国家和地方之间的分权，从而对社会实施控制和管理的过程；其目的是维护政治秩序（塞缪尔·亨廷顿，2008），以及保障政府能够持续地对社会价值进行权威性的分配（戴维·伊斯顿，1999）。近期的国家治理理论重点强调了转型社会国家发挥主导作用的重要性，并考虑到治理理念所强调的社会诉求，认为国家治理是一个结构性的动态均衡调试过程。

世界各国根据自身社会经济的基本特征建构了不同的国家治理模式，国家治理模式变迁的核心在于不断提高政权及治权的合法性及有效性。从国家治理的方法上看，世界各国先后创造了三种治理模式，即神治、人治和法治。所谓神治，是指由宗教领袖依据教义直接治理国家的模式；所谓人治，是指依据统治者个人或少数人的意志治理国家的模式；所谓法治，是指依据世俗立法机关制定的法律治理国家的模式。目前，神治模式已经被现代国家所抛弃，法治模式则被越来越多的现代国家所采用，而人治模式虽非主流但仍为小部分国家所采用。

从国家治理的对象上看，世界各国也创造了三种治理模式。在自给自足经济时期，国家治理的重点是如何处理不同经济主体（包括国君、奴隶主、农场主、自耕农、佃农等）与土地的关系问题，基本不涉及政府与市场的关系；在早期的市场经济环境下，国家治理的重点是如何处理政府与市场的关系问题；随着社会经济形势的变化，国家治理的主体逐渐由政府与市场构成的二分法结构演变为政府、市场与社会构成的三分法结构，从而启动了新一轮国家治理模式的变迁。

3. **国家治理的现代化**

党的十八届三中全会第一次鲜明地提出了"国家治理"的概念，并要求"实现国家治理体系和治理能力的现代化"。事实上，推进国家治理体系和治理能力的现代化，已经构成了中国特色社会主义现代化建设和政治发展的必然要求。自改革开放以来，我国社会经济的总体格局发生了较大的变化，逐步实现了从一元到多元、从集权到分权、从人治到法治、从封闭到公开、从管制到服务。国家治理也从最初的政府一元化治理转变为政府与市场的二元化治理,进而过渡到现今政府、市场和社会为主的多元化治理格局。尽管我国的法治基础仍不牢固,政府服务的水平和公开的程度还有待提高,社会组织的发育还不健全,但当今的国家治理格局确实与改革开放初期不可同日而语。经过四十余年的改革开放,我国的社会经济和政治生态均发生了翻天覆地的变化,对国家治理提出了更高的要求,具体而言就是要求实现治理体系和治理能力的现代化。

国家治理体系是规范社会权利运行和维护公共秩序的一系列制度和程序,有效的国家治理涉及谁治理、如何治理和治理得怎样三个基本问题,它构成了国家治理体系的三大要素,即治理主体、治理机制和治理工具。国家治理的现代化谋求的是良法善治,其有别于传统政治理想的"善政"或"仁政"。"善政"是对政府治理的要求,即要求有一个好的政府;而"善治"不仅要求有好的政府治理,而且要求有好的社会治理。因此,国家治理体系现代化的核心要义,一是依法治国(或法治),即宪法和法律成为国家治理的最高权威,在法律面前人人平等,不允许任何组织和个人有超越法律的权利。二是民主协商,即国家治理的相关制度安排与活动都必须保障主权在民或人民当家作主,体现人民的意志和人民的主体地位,通过参与协商的方式将民众需求有效地表达出来。三是公平正义,即国家治理的目的在于促进社会的公平正义,增进公众福祉。国家治理能力的现代化,是建立在国家治理体系现代化基础之上的,并且严重依赖治理主体的素质,既包括官员的素质也包括普通民众的素质。

党的十八届三中全会强调:财政是国家治理的基础和重要支柱,科学的财税体制是优化资源配置、维护市场统一、促进社会公平、实现国家长治久安的制度保障,要求完善立法、明确事权、改革税制、稳定税负、透明预算、提高效率,建立现代财政制度,发挥中央和地方两个积极性。如果说财政是国家治理的基础和重要支柱，那么作为财政重要组成部分的税收对国家治理体系和治理能力的现代化同样具有非常重要的意义。地方税体系建设是国家现代税收制度建设的重要内容，需要在现代财政制度的框架内展开。很显然，地方税体系的建设绝不仅仅是为地方政府提供资金支持，还需要为国家治理体系和治理能力的现代化提供有效的支撑。

二　现代财政制度及其基本特征

地方税体系的建设必须依托现代财政制度建设，但什么样的财政制度才符合现代化的要求呢？现代财政制度如何才能满足"国家治理的基础和重要支柱"的功能，才能满足国家治理现代化及全面深化改革的需求呢？或者说现代财政制度应当具有什么特征呢？关于现代财政制度的特征，高培勇（2014）认为，现代财政制度具有公共性、非营利性和法治性；刘剑文和侯卓（2014）认为，现代财政制度具有法治性、回应性、均衡性和公共性；石亚军和施正文（2014）认为，公共性构成了现代财政制度中公共财政的核心特征；杨志勇（2014）认为，现代财政制度具有法治性、民主性等特征；其他学者也从各个角度分析了现代财政制度的基本特征。笔者认为，国家治理现代化的核心是依法治国、民主协商和公平正义，现代财政制度的建设必须围绕国家治理现代化的核心要义展开。简而言之，现代财政制度应具有法治性、民主性、公平性等特征。

1. 法治性

无论是国家治理的现代化，还是现代财政制度的建立，都需要依赖法治之剑重构各种利益关系。在依法治国理念不断深入人心的背景下，如果要对国家治理现代化起到有效的支撑作用，现代财政制度必须做到法治化。综观世界各国的现代财政制度建设，法治性是其必不可少的特征之一。

一是制定财政基本法，建设财政制度的"元规则"。从"元规则"的层面来看，现代财政制度需要重点处理政府与市场、政府与社会组织、政府与纳税人及政府之间的关系，保证各方利益人在稳定预期的条件下有效开展各项活动。在政府与市场的关系上，财政制度需要确认政府的职责范围，按照市场经济运行的基本规律来框定自身的活动边界，既不"越位"又不"缺位"，有所作为但不乱作为，按照"有限政府"的框架展开活动。目前，我国正在制定政府权力清单及市场负面清单，在一定程度上厘定了政府的活动边界。在政府与社会组织的关系上，现代财政制度的建立与发展需要确立政府与社会组织各自的活动范围，并为社会组织的发展提供物质基础，进而推动社会组织的发展。在政府与纳税人的关系上，现代财政制度要求推动税收法治化或税收法定，具体来说就是要实现税种法定、税收要素法定及税收征管法定，保证纳税人的利益。在政府之间的关系上，现代财政制度要求确立稳定的政府间财政关系，建立相对稳定的政府间职责范围及转移支付框架。

二是以税收法定为核心推进财政收入活动的法治化。财政收入活动的法治化，要以税收法定为基础推进税收收入的法治化，其重点是将我国现有税收法规、条例升级为税收法律，提升其权威性和规范性；改革和完善税收制度，推进流转税、所得税和财产税制度改革；完善税收征管制度，取消税收收入计划，加大税收征管稽查力度，做到依法征收、应收尽收。要推进非税收入的法治化进程，重点是完善各项行政事业性收费、政府性基金等规费的审批制度，规范土地出让金的收取及使用制度。以税收法定为核心推进财政收入活动的法治化，从根本上讲就是要建立真正意义上的"税收国家"，不仅要提高税收收入在财政收入中的比重，而且要保证税收符合法定性和合宪性要素。其中，法定性要素是指税收要素法定、税收要素明确和征收程序合法等，合宪性要素是指税收符合宪法的原则和理念（翟继光，2007）。财政收入活动的法治化，其核心是实现政府与市场主体关系的法治化。简单地说，财政收入活动的法治化，要求政府对企业与居民征税、收费必须依据明确的法律规范，防止政府的"攫取之手"。

三是以支出管理为核心推进财政支出活动的法治化。财政支出活动的法治化，要确定政府、市场与社会组织的行为边界，梳理并建立政府的权力清单，确保行政管理工作依法有序进行，切实发挥政府作用；建立市场的负面清单，进一步确立市场在资源配置中的决定性作用；建立社会组织的行为规范框架，提升社会组织在国家治理体系中的作用。要优化财政支出法律框架，完善预算法、政府采购法、国库集中支付、会计法等实体法和程序法，增强财政支出的规范性。要规范行政决策制度，建立民生投入的常态化增长机制，实现专项资金的法定化管理，提高财政资金使用的绩效。财政支出的法治化，其核心是实现政府的有限性和高效性，即通过确定政府、市场与社会组织的行为边界，构建有限政府；通过财政支出方法和程序的优化，改善财政支出的效率，提高国家治理的合法性。

四是以制定法律为核心推进政府间财政关系的法治化。推进政府间财政关系的法治化，核心在于制定政府间财政关系法，明确政府间财政体制及相互关系。制定政府间财政关系法，要明确政府间事权和收入划分，并通过转移支付制度调节纵向与横向的财力余缺，填补地方政府履行事权存在的财力缺口，建立权责清晰、财力协调、区域均衡的中央和地方政府财政关系。要适应国家治理体系的变化，建立相对扁平化的财政体制，形成中央、省和市县三级财政架构，减少财政层级，提高财政运行效率。要使各级政府对彼此间的事权与支出责任形成稳定的预期，对各自的财权财力具有稳定的控制权，并以此为基础形成长期性的行为机制，预防财政机会主义行为。

2. 民主性

如果说国家民主政治的核心是选举民主，那么财政民主的核心则是协商民主，即通过参与主体间的协商与沟通实现民主理财。民主意识的觉醒迫切要求财政制度必须在公开透明的环境下运行，必须考虑民众的参与和监督，提升国家治理的有效性。换一个角度说，国家治理的现代化要求财政制度必须实现民主化，不断提高财政运行信息的公开透明。实际上，财政制度的公开透明为民众参与财政过程、实现财政民主提供了条件。改革开放特别是建立公共财政制度框架以来，我国高度重视财政公开透明，努力提高财政制度及财政实践的公众参与度。比如，2014年《中华人民共和国预算法》第三十二条规定，预算编制必须按照规定程序征求各方面的意见；第二十二条规定，设区的市、自治州以上各级人民代表大会有关专门委员会进行初步审查、常务委员会有关工作机构研究提出意见时，应当邀请本级人民代表大会代表参加；第四十五条规定，县、自治县、不设区的市、市辖区、乡、民族乡、镇的人民代表大会举行会议审查预算草案前，应当采用多种形式，组织本级人民代表大会代表，听取选民和社会各界的意见。近年来，我国逐步推行参与式预算，努力寻求各方共识，提高财政运行实践的民主性。

3. 正义性

党的十八届三中全会指出：全面深化改革，必须高举中国特色社会主义伟大旗帜……坚定信心，凝聚共识，统筹谋划，协同推进，坚持社会主义市场经济改革方向，以促进社会公平正义、增进人民福祉为出发点和落脚点。

社会公平正义是现代社会的普遍追求,我国城乡之间、区域之间、行业之间等却普遍存在一定程度的不公正,需要通过财政制度及其有效运行来加以改善。比如,我国财政长期表现为城乡二元财政和国有经济财政。其中,城乡二元财政主要服务于城市居民,而农村居民则遭受到较大的歧视;国有经济财政主要服务于国有经济活动,对国有经济(及相关正规部门)照顾有加,而对民营经济及其他非正规部门存在歧视,缺乏相应的公正性。另外,我国实行的多轨制社会保障制度则进一步凸显了社会公众之间的差异化待遇。建立现代财政制度就是要消除财政实践所导致的非公平性和非正义性,通过财政制度的公平性和正义性推动社会公平正义,提高社会和谐共荣程度,进而提高国家治理体系和治理能力的现代化(马骁、周克清,2016)。

财政是国家治理的基础和重要支柱,而税收是现代财政制度的重要内容,地方税体系建设必须以现代财政制度与国家治理现代化为背景展开。

第二节 地方税体系建设的逻辑起点

建设我国的地方税体系,必须搞清楚地方税体系建设的逻辑起点,或者说地方税体系建设的出发点。现实来看,学界对建设地方税体系的必要性及建设方向都有较多的论证,但往往忽略了最基础的问题,忽视了地方税体系建设的逻辑起点或出发点。简而言之,建设地方税体系的逻辑起点必须以稳定的政府间财政关系为基础,并明确地方政府的支出责任,明确由哪些渠道来为地方政府的支出融资。

一 构建稳定的政府间关系

稳定的政府间关系是地方税体系建设的前提和基础。其原因在于，地方税体系建设的重要目的是为地方政府的支出提供资金支持，而在不稳定的政府间关系条件下，地方政府的事权与支出责任难以明确，中央政府及高层级政府随时有可能将相关责任转移给地方或基层政府，从而增加地方政府的支出压力。实际上，我国历来高度重视政府间关系，一直努力构建合理的政府间关系。早在1956年，毛泽东同志就发表了《论十大关系》，他强调要处理好中央与地方、地方与地方之间的关系。新中国成立后，我国相继颁布了宪法及一系列法律法规，保证了我国政府间关系的相对稳定。但受制于历史传统和现实客观因素，我国各层级政府间关系的稳定性仍然比较薄弱。

在政府间关系上，中央政府及高层级政府一直存在集权倾向，而地方及基层政府则存在较强的离心倾向。一方面，我国长期存在集权式传统，中央政府对于地方及基层政府不信任，因而建立了一套垂直型管理系统及监察体制；另一方面，我国地区间社会经济差距较大，简单统一的管理体制并不适合各地区的差异型发展模式，因而各地对中央及上级政府的行政命令及相关制度存在一定的抵触。

新中国成立初期，我国采用了高度集权的政府间关系模式，为新民主主义革命取得胜利奠定了物质基础。在随后的社会主义建设过程中，我国大多采用统一领导与分级负责相结合的政府间关系模式；但在计划经济体制的框架下，中央和高层级政府拥有较多的活动空间，而地方及基层政府的行动则受到来自上级政府的较多干预,从而导致基层活力不足。

改革开放之后,我国进一步放权让利,赋予地方政府较多的行动空间,地方政府的积极性空前高涨,从而为我国经济高速增长提供了政治保障。但必须说明的是,我国改革开放的过程也是政治制度和政府间关系重构的过程,政府间关系的不稳定性得到了充分的展现,或者说改革开放的过程就是对原有政府间关系的不断突破与重建,从而形成了弱稳定的政府间关系(周克清和项梓鸣,2013)。

另外,我国的行政区划及行政层级不断进行调整,从而加剧了政府间关系的弱稳定性。比如,新中国成立初期,我国实行行政大区制度,实践证明这种行政大区制度存在较大的不合理性,于是调整为中央直接管辖省级行政区。在计划经济时期,我国主要实行中央、省、县为核心的行政层级制度;考虑到省级行政区直接管辖县级行政区的困难,我国在省与县之间设立了地区(专区)级行政公署,作为省级政府的派出机构管理县级行政区;另外,我国还建立了计划单列市和副省级城市制度。这些行政层级的扩展都不同程度地改变了政府间关系。改革开放后,我国开始大规模实行地改市,建立地级市;大规模实行县改区或市,再次破坏了政府间关系的稳定性。

我国弱稳定的政府间关系在财政体制上表现得尤为明显。在计划经济时期,我国在财政体制上实行以财权财力"集中"为主要特征的体制,其核心是集权,而且这种集权模式的内容也不断发生变化。比如,新中国成立初期,我国实行高度集中统一的"统收统支"模式,将全国财力的绝大部分集中于中央,各级地方财政开支,由中央统一核拨;"一五"时期开始至改革开放前的相当长一段时间内,我国实行统一领导、分级管理、侧重集权的"分成"制财政体制。改革开放之后,我国开始实行以"包干"为主要特征的财政体制。其中，1980—1984年实行"划分收支，分级包干"的财政体制（又称"分灶吃饭"体制），1985—1987年实行"划分税种、核定收支、分级包干"的财政体制，1988—1993年实行多种形式的财政包干体制。直到1994年我国实施分税制财政体制，我国政府间财政关系才基本稳定下来，而这种"稳定"也只能说是对于之前我国"三年小变，五年大变"而言的。比如，我国在20世纪50年代后期就曾实行"总额分成、一年一变"的做法，在80年代则实行过"一定五年不变"。

其实，即使是在分税制财政体制下，我国的政府间财政关系也处于小幅变动的过程中。比如，我国社会经济生活中屡次出现"中央请客、地方埋单"的现象，其实质就是高层次政府不断向下级政府转移支出责任。另外，中央政府屡屡采用行政强制的方式将地方收入转变为中央收入或共享收入。比如，证券交易印花税由1994年的五五分成转变为后来的97:3分成，后来则全部改为中央税收收入。2001年底我国将企业所得税、个人所得税改为共享税，2002年为五五分成，2003年之后则为六四分成。我国自2012年启动的"营改增"逐步消灭了地方政府的第一大税收收入来源。当然，在弱稳定的政府间关系下，地方政府也常常利用其信息优势将部分中央收入转移为地方收入，比如地方政府常用的税收混库行为。同时，地方政府还利用其信息优势将有关行政成本推给中央政府，比如，地方政府往往不重视危机预防，但危机一旦酿成较大的后果，则需要中央政府来埋单。在弱稳定的政府间关系下，中央政府随时可能将所谓的地方税改变为中央税或共享税，将原来自己的支出责任转移给下级政府，地方政府依靠地方税来筹集充足的资金来源根本不可能。同时，在弱稳定的政府间关系下，地方政府没有必要非得依靠地方税来筹集财政资金，因为它可以从转移支付、税收返还来获取收入，还可以获得中央或高层级政府的兜底。因此，只有建立稳定的政府间关系，地方税体系的建设才可能找到明确的目标，才可能为地方政府的支出责任提供相应的财力支持。

二 明确界定地方政府的支出责任

地方税体系建设的重要目标是为地方政府的支出提供资金支持，但地方政府到底需要为哪些支出埋单或负责呢？如果说在弱稳定的政府间关系下，中央或上级政府容易将相关支出责任转移给地方或下级政府，从而增加地方政府的支出压力；而在稳定的政府间关系下，地方政府也必须框定自身的支出责任，避免随意扩大自己的支出需求。换句话说，只有明确地方政府到底有哪些支出责任，才能确定地方政府需要多少财力支持，才能为之匹配相应的地方税体系及相关融资渠道。

长期以来，我国地方政府的支出责任是不够清晰的，这有两个方面的原因。一是政府间关系不够清晰，各级政府有转移支出责任的内在冲动。比如，20世纪90年代后期县级政府将义务教育的支出责任下移到乡镇；而乡镇政府则通过舆论反映其财政困难，从而将义务教育的支出责任转移给上级政府。为了缓解基层义务教育的支出压力，我国相继出台政策将义务教育的支出责任交给县级政府，同时通过多种途径对义务教育给予高额转移支付，从而实现了义务教育支出责任在各级政府之间的平衡。二是地方政府在寻求政绩的过程中有扩大支出责任的内在冲动，特别是在相关投资方面的冲动尤为明显。事实上，世界各国对地方政府应当承担的职责是有大致共同认识的，学界对此也有较多研究，其中Anwar Shah（1991）的研究成果较有影响力。详见表2-1。

表 2-1　　　　　　　　政府间支出职责划分的基本原则

支出职责	服务责任方	服务供给方
国防	F	F
外交	F	F
国际贸易	F	F
环境	F	S, L
货币政策	F	F
跨州贸易	F	F
移民	F	F
失业保险	F	F
航空与铁路	F	F
工业与农业	F, S, L	S, L
教育	F, S, L	S, L
卫生	F, S, L	S, L
社会福利	F, S, L	S, L
警察	F, S, L	S, L
高速公路	F, S, L	S, L
自然资源	F, S, L	S, L

注：F 代表联邦政府，S 代表州政府，L 代表地方政府。
资料来源：Anwar Shah, Perspectives on the design of intergovernmental fiscal relations, World Bank Working Papers, 1991, WPS726。

按照 Anwar Shah 的研究成果，工业与农业、教育、卫生、社会福利、警察、高速公路和自然资源等事项均由中央和州及地方负责，但相关服务可由州和地方具体提供；另外，环境事项是联邦政府的职责，但可由州和地方具体提供服务；其他如国防、外交、国际贸易、货币政策、跨州贸易、移民、失业保险、航空与铁路等事项则是联邦政府的职责且由其自身提供相关服务。当然，各个国家有具体的国情，需要根据实际情况进行优化调整。需要注意的是，美国的地方政府主要是指市县级政府，州政府则相当于我国的省级政府。

我国虽然明确指出地方政府负有经济发展和民生支持等方面的支出责任,但未明确这个支出责任到底有多大,未明确经济发展和民生支持到底是哪一级地方政府的责任,或每级地方政府分担多少责任。由此,有资金支持的地方政府愿意多承担支出责任,缺乏资金支持的地方政府或有其他诉求的地方政府则不愿意对此承担支出责任。在政绩考核的压力下,地方政府有较多冲动寻求新的融资渠道以满足不断膨胀的资金需求。其结果是,无论地方政府拥有多少财政资源,都会存在资金饥饿症,而地方税体系的建设又怎么能够满足其资金需求呢?

由此可见,在地方政府支出责任尚不明确的背景下,地方税体系的建设是没有意义的。因此,我国必须在稳定的政府间关系下清晰界定地方政府的支出责任,从而为地方税体系的建设指明方向。

三 明确界定地方政府的融资渠道

地方税体系建设的重要目标在于为地方政府的相关活动提供资金支持,但在地方政府的全部融资渠道中地方税收入到底应该处于什么地位呢?目前,地方政府的资金来源主要有:一是地方税收入,二是地方非税收入(一般公共预算部分),三是政府性基金收入,四是国有资本经营预算收入,五是中央或上级政府的转移支付。其中,前两个渠道构成了地方一般公共预算收入;第三个渠道则构成了政府性基金预算收入,是地方政府非常重要的收入来源,占地方财政收入的比重约为40%。由于大部分市县政府所属国有企业在地方经济中的比重非常低,且尚有不少国有企业属于纯粹的融资平台公司,因而国有资本经营预算收入难以为地方政府提供丰厚的资金来源。需要注意的是,我国开始将部分政府性基金收入和国有资本经营预算收入纳入一般公共预算收入进行核算和统筹。另外，社会保险缴费具有专款专用的性质，因而不能为政府的一般活动提供资金支持。

明确了地方政府的融资渠道，我们还需要测算除地方税收入外的其他融资渠道能够为地方政府提供的资金规模，或者说弄清楚地方政府的资金缺口到底有多大。现实的问题是，我国一般公共预算收入的稳定性强，测算方法及测算结果的可靠性较强，政府性基金中最为重要的土地出让金收入由于受到房地产市场的影响较大而具有较强的不确定性，其测算难度较大。

总的来说，我国地方税体系的建设必须明确地方政府财政支出的融资渠道及其规模，必须明确地方税收入的规模及其占地方财政支出的大致比重，才能大致确定地方税体系建设的目标及路径。

第三节　地方税体系建设的基本原则

一　提升国家治理能力的原则

从财政分权的角度来看，地方税体系建设的核心不仅是为地方政府提供财力支持，更重要的是通过独立的财力支持提升地方政府的治理能力，进而提升整个国家的治理能力，助推中国式现代化的实现。改革开放后，我国陆续为地方政府配置了一定的财力，在财政体制框架内建立了一定数量的地方税；但是地方政府财力的自主性一直没有得到较好的提升，或者说这种自主性处于不断的波动过程中。实际上，分级财政体制的建立并没有为提升地方政府治理能力提供有效的支撑，地方税体系建设基本上只是为地方政府匹配财力，而没有深入地方政府的支出端，没有能够改变地方政府的相关行为机制。由此,建设地方税体系必须秉持提升地方政府治理能力的原则,即围绕地方政府治理能力的提升来开展地方税相关税种的建设,而不能简单地考虑如何为地方政府匹配财力。

二 分级分层构建地方税的原则

在我国,与中央政府相对应的地方政府共有四级,分别是省、市、县、乡政府。按照分级分税的基本原则,我国需要分别为地方各级政府确认其税收收入来源,因此简单划一的构建地方税体系显然无助于完善地方政府的收入来源。那么,我们又应当如何为各层级的地方政府完善税收收入来源呢?

现实地看,不同层级的地方政府具有不同的社会经济功能,具有差异性的行政管理能力,辖区范围内的居民也具有差异性的利益诉求,因而对收入来源的要求是不同的。从税收制度上看,不同税种的课税对象和相关制度要素,其社会经济功能也有较大的差异,有些税种可能比较适合作为省级政府的收入来源,而有些税种则比较适合作为基层政府的收入来源。财政分权理论认为,地方政府比中央政府能够更为有效地收集辖区公众的公共服务需求信息,在提供和满足公众的公共服务需求方面具有更高的效率;为了保证各层级的地方政府能够迅速对公众需求作出有效的回应,就必须建立相对独立的财政收入来源。地方税收入作为地方政府较为稳定且规范的财政收入来源,需要满足其相对独立的要求。由此可见,我国需要按照分层分级的原则分别为各层级政府构建地方税体系。

但是,我国是否需要为省、市、县、乡分别建立差异性的地方税体系呢?事实上,尽管我国有四级地方政府,但如果分别建立差异性的地方税体系,其运行效率定然不尽如人意。因此,分级分层构建地方税体系，并不需要为每级地方政府分别构建地方税。那么，我国将如何分级分层构建地方税体系呢？根据国外经验，地方税体系大致可以分为两个层级：一是次中央的省（州）级地方税，二是基层的市县级地方税。尽管我国1994年分税制改革时确立了四级地方财政体制，但政治经济体制的改革与财政体制的变迁正逐渐向两级地方财政体制靠拢，从而为我国构建两级地方税体系奠定了基础。比如，在21世纪初期我国在中西部地区推出了"乡财县管"制度，乡镇财政逐渐成为县级财政的一级预算单位；尽管这个乡镇预算仍然需要通过乡镇人大的表决，但形式性的意义更大一些。为快速推动县域经济发展，我国在总结浙江、海南等地经济发展及财政运行模式的基础上推出了财政"省管县"改革，财政部于2009年正式发文要求在全国推广财政"省管县"，并要求于2012年前将民族地区之外的所有县纳入省直接管理。尽管"省管县"并没有完成当年的预期目标，但就全国而言，县级财政实力大涨，与省级财政对接的事项越来越多，其相对于市级财政的独立性越来越强。在此格局下，地市级财政逐渐演变为城市财政，而县区财政则构成了地方财政体制中的基层板块。换句话说，分层分级地方税体系的建设主要是分别为省级财政和县区级财政建立相对独立的收入体系；市级财政要么弱化为县区级财政，要么升级为副省级财政；乡镇财政受县级财政的统辖，无须单独建立税收收入体系。

三 优化国家整体税制结构的原则

我国现实的税制结构是在新中国成立以来的漫长税收制度改革过程中逐渐形成的，经历了一个相对较长的变迁与发展过程。在计划经济时期，我国的税收制度呈现出以商品课税为主体税种的税制结构；在有计划的商品经济时期，我国的税收制度大致为以货劳税、所得税为主体，财产税和其他税相配合的税制结构体系；在社会主义市场经济时期，通过1994年税制改革，我国逐步形成了以货劳税为主的非均衡性税制结构，其在税收收入中的比重最高时曾接近80%。近年来，我国所得税在整个税收体系中的地位有所上升，其在税收收入中的比重不断提高，总体而言仍然呈现货劳税占比过高的现实格局。但是，以货劳税为主的税制结构不利于居民收入分配差距的缩小，不利于劳动要素收入份额的提高，不利于提高居民消费率，不利于发挥居民消费在社会经济发展中的重要作用。另外，以货劳税为主的税制结构还导致零售商品价格中包含的税收负担过重，致使部分民众纷纷到国外购买相关商品，不利于理顺我国的贸易体系及海关监管。

为此，党的十八届三中全会提出要"深化税收制度改革，完善地方税体系，逐步提高直接税比重"；我国国民经济和社会发展"十三五"规划则提出"按照优化税制结构、稳定宏观税负、推进依法治税的要求全面落实税收法定原则，建立税种科学、结构优化、法律健全、规范公平、征管高效的现代税收制度，逐步提高直接税比重"。事实上，学界早在改革开放初期就开始关注税制结构的优化和完善。当时学界关于税制结构优化的主要观点是围绕"双主体"税制结构来展开的，高培勇（1988，1993）、汪孝德、叶子荣和尹音频（1992）等支持建立以流转税和所得税为双主体的税制结构，而部分学者则表示反对，比如，赵岚（1999）等；学界还讨论了税制结构的演进规律及主体税种选择的影响因素，比如李文（2014）、李峰和付晓枫（2015）等；分析了税制结构对经济增长及收入分配的影响路径，比如刘军（2006）、闻媛（2009）、孙英杰和林春（2018）、吕炜（2020）等。

由此可见，优化税制结构已经成为我国建立现代税收制度的重要内容，其核心则是提高所得税、财产税等直接税在税收总收入中的比重。显然，作为我国税收制度改革的重要内容，地方税体系建设必须服务于我国税制结构优化的基本方向。由于与收入分配及商品、要素流动相关的税收收入一般归属于中央政府，地方税体系的建设需要更多关注财产税、行为税及各种受益性质的税收，这也在一定程度上切合了地方政府治理能力建设的基本方向。

四 税费联动降低宏观税负的原则

自改革开放以来，我国一直利用较低的税收负担吸引外资并促进国内资本形成，但随着改革开放的不断深入和社会经济的不断发展，我国宏观税收负担率整体呈上升趋势。特别是考虑到我国除税收负担之外还有规模不小的政府性基金、政府行政事业性收费及社会保障缴款，我国宏观税费负担并不轻。研究表明，我国宏观税费负担或政府负担的占比为35%左右，在世界主要经济体中的税费负担中居于中间位置。2008年国际金融危机之后，我国宏观经济增长速度开始下降，逐步回落到6%—7%，经济新常态的格局已经非常明确地显现出来。特别是2020年新冠疫情发生后，我国的宏观经济增长速度更是大受影响。为此，我国开始谋划减税降费以增强企业经济活力。比如，2008年中央经济工作会议提出结构性减税，2011年改革个人所得税提高工资薪金所得的扣除标准，2012年试行"营改增"改革并迅速向全国推广，2013年免征部分小微企业增值税和营业税，2015年对小型微利企业给予企业所得税减免，2016年将"营改增"覆盖到原营业税全部行业和全国所有地区。同时，我国还在政府性收费方面加大简政放权力度，为企业活动松绑减负。2017年4月我国以"抢跑"的意识公布了总规模约3800亿元的减税措施,时任总理李克强强调进一步通过减税降费提高企业竞争力,促进实体经济的发展①。2020年新冠疫情暴发后,党中央和国务院进一步出台了减税降费相关政策,力保企业主体和供应链的稳定。2023年,新一届政府继续实施减税降费政策,预计全年新增减税降费1.2万亿元;加上继续实施的增值税留抵退税,预计全年可为经营主体减轻税费负担超1.8万亿元②。

其实,2008年国际金融危机之后,世界主要经济体的增长速度也不够理想,美欧日等的经济增长速度维持在2%—3%,新兴经济体除中国和印度能够保持在7%左右之外,其他经济体的增长率均比较低。在世界经济缓慢增长及就业形势日渐严峻的背景下,主要经济体开始祭出了减税的利器。早在2016年美国大选期间,特朗普就提出要大规模减税,并在2017年4月正式发布了规模庞大的减税计划。比如,将企业所得税降低为15%,个人所得税税率减至3档并将最高税率从39.6%下调为35%。事实上,欧盟各国已经提前布局了较大规模的税制改革。比如,英国宣布到2020年将公司所得税税率从20%降低到17%;荷兰宣布从2018年起,逐步扩大企业所得税低税率(20%)的适用范围;意大利则宣布2017年将企业所得税的法定税率从27.5%下调到24%③。2017年7月印度正式实施GST税收制度,在一定程度上减轻了企业的税收负担,并在年初宣布将年收入在25万—50万卢比的人群之个人所得税税率从10%下调到5%;考虑2018—2019年度将大公司的所得税降至25%(周克清和杨昭,2017)。

---

① http：//www.gov.cn/guowuyuan/gwycwhy/20170419c10.
② https：//economy.caixin.com/2023-04-06/102016098.html.
③ http：//finance.sina.com.cn/roll/2016-03-18/doc-ifxqnsty4497274.shtml.

事实上，由我国政府收入结构可以发现，税收收入是一般公共预算收入的主要组成部分，但如果将政府性基金和政府性收费等收入包括进来，税收收入的份额就会大大降低。因此，我国要降低企业负担就不能仅仅局限于降低税收负担，而必须将眼光放得更长远一些，换句话说就是必须将税费负担统筹考虑。地方税体系的建设必须将其放在降低税费负担的整体框架下来安排。自21世纪初以来，我国大力规范行政事业性收费制度，分批取消了大量行政事业性收费项目，在一定程度上减轻了企业和居民的负担。但现实地看，地方行政事业性收费项目还比较多，仍然需要进一步规范和调整。更进一步讲，地方税体系建设的核心是将相关收费及基金转变为规范性的税收，从狭义税收的角度来看有可能增加其负担。比如，我国正在加紧推行的房地产税，如果正式实施则可能导致居民显性税收负担增加。又如，2018年我国正式实施环境保护税，取代传统的环境保护费机制，这可能会导致企业名义税收负担上升。

总的来说，尽管地方税体系建设可能在短期内增加企业和居民的名义税收负担；但从长期来看，地方税体系建设必须努力实现宏观税费负担的下降，增强企业经济活力及居民的实际消费能力。

第三章　现代国家治理与地方税体系建设:现实格局

第一节　我国现行地方税体系概述

一　地方税体系的基本框架

按照我国财政体制与税收制度设计的基本框架，地方税体系主要涉及两个层面。一是传统上由地方税务机关征收并由地方政府支配的税收，比如房产税、契税、印花税、城镇土地使用税，等等。二是传统上由国家税务机关征收并由地方政府支配的税收。2018年国地税系统合并，但关于地方税体系的理解基本不变，即地方税体系主要是由税务机关征收，并由地方政府享有的税收。关于地方税体系的具体内容，本书已经在前文中有所阐述，此处不再赘述。

二　地方非税收入体系的基本沿革

对于地方政府而言，其自有财政收入可以归为两个部分，即税收收入和非税收入。在传统上，我国非税收入的主要内容是政府收费，又称预算外收入①。在计划经济时期，预算外收入规模较小。随着放权让利的改革开放逐步深入，预算外资金规模不断膨胀，到1985年，全国预算外资金收入达1530.03亿元，相当于国家预算的83.1%。为此，1986年4月国务院颁布了《关于加强预算外资金管理的通知》，提出各地区、各部门对预算外资金管理，可以在资金所有权不变的前提下，采用不同的方式。到1992年，我国由法律法规明文规定的行政事业性收费达232项，其中行政性收费108项，事业性收费124项，预算外资金规模达3854.92亿元。1996年全国性预算外资金项目达344个，资金规模达3893.34亿元。1996年7月，国务院下发了《关于加强预算外资金管理的决定》，重新界定了预算外资金的性质和范围。2001年1月，在《国务院办公厅转发财政部关于深化收支两条线改革进一步加强财政管理意见的通知》中，开始使用"非税收入"一词，这是我国国家机关文件中第一次出现"非税收入"的提法。2004年7月，财政部下发《关于加强政府非税收入管理的通知》，明确了政府非税收入和概念和范围，指出政府非税收入应当在依法筹集的基础上，努力挖掘收入潜力，实行分类规范管理。表3-1反映了我国历年预算外资金的分项收入情况。

表3-1　　　　　　我国历年预算外资金分项收入　　　　　单位：亿元

年份	合计	行政事业性收费	政府性基金收入	乡镇自筹统筹资金	地方财政收入	公有企业和主管部门收入	其他收入
1980	557.40	74.44			40.85	442.11	

---

① 我国一般公共预算收入所称的非税收入主要是指政府收费收入（行政事业性收费收入、专项收入和罚没收入）、国有资本经营收入、国有资源（资产）有偿使用收入和其他收入，一般称为中义的非税收入；广义的非税收入包括政府收费收入、国有资产（本）收入及政府性基金收入等，在传统上常称为预算外收入。

续表

年份	合计	行政事业性收费	政府性基金收入	乡镇自筹统筹资金	地方财政收入	公有企业和主管部门收入	其他收入
1981	601.07	84.90			41.30	474.87	
1982	802.74	101.15			45.27	656.32	
1983	967.68	113.88			49.79	804.01	
1984	1188.48	142.52			55.23	990.73	
1985	1530.03	233.22			44.08	1252.73	
1986	1737.31	294.22			43.20	1399.89	
1987	2028.80	358.41			44.61	1625.78	
1988	2360.77	438.94			48.94	1872.89	
1989	2658.83	500.66			54.36	2103.81	
1990	2708.64	576.95			60.59	2071.10	
1991	3243.30	697.00			68.77	2477.53	
1992	3854.92	885.45			90.88	2878.59	
1993	1432.54	1317.83			114.71		
1994	1862.53	1722.50			140.03		
1995	2406.50	2234.85			171.65		
1996	3893.34	3395.75		272.90	224.69		
1997	2826.00	2414.32		295.78	115.90		
1998	3082.29	1981.92	478.41	337.31		54.67	229.98
1999	3385.17	2354.28	396.51	358.86		50.11	225.41
2000	3826.43	2654.54	383.51	403.34		59.22	325.81
2001	4300.00	3090.00	380.00	410.00		60.00	360.00
2002	4479.00	3238.00	376.00	272.00		72.00	521.00
2003	4566.80	3335.74	287.10	293.14		52.33	598.49
2004	4699.18	3208.42	351.29	213.09		64.12	862.26
2005	5544.16	3858.19	359.29	192.94		47.60	1086.24
2006	6407.88	4216.80	376.49	221.29		44.91	1548.39
2007	6820.32	4681.05		180.25		40.16	1918.86
2008	6617.25	4835.81		220.74		47.08	1513.62
2009	6414.65	4598.14		220.56		84.10	1511.85

续表

年份	合计	行政事业性收费	政府性基金收入	乡镇自筹资金	地方财政收入	公有企业和主管部门收入	其他收入
2010	5794.42	3691.82		257.18		58.14	1787.28

注：①1993—1995年和1996年的预算外资金收入包括的范围进行了调整，与以前各年不可比。从1997年起，预算外资金收入不包括纳入预算内管理的政府性基金（收费），与以前各年也不可比。从2004年起，预算外资金收支数据，按财政预算外专户收支口径进行反映。②表中数据经四舍五入处理。下同。

资料来源：《中国财政年鉴》（2011）。

2007年，我国对政府收支科目进行改革，逐步建立起现行政府收支科目制度；2011年起，我国全部预算外资金纳入预算内管理，逐步建立了全口径预算框架。2014年，《中华人民共和国预算法》进一步明确了四本预算之间的关系，从而理顺了非税收入的内容。

三 地方非税收入体系的基本框架

从广义的范畴上讲，我国的非税收入包括政府收费收入、国有资产（本）收入和政府性基金收入等。

1. 政府收费收入

政府收费是指政府行政事业单位提供行政管理和事业服务时，按照规定标准向受益者或使用者收取的费用。按照我国现行预算收支分类科目，政府收费主要包括行政事业性收费、专项收费和罚没收入三大内容。

行政事业性收费是指政府行政事业单位提供行政管理和事业服务时，向被管理对象和服务对象收取的费用。行政事业性收费比较典型的例子有质量监督检验检疫行政事业性收费、安全生产行政事业性收费、建设行政事业性收费、环保行政事业性收费、海洋行政事业性收费、农业行政事业性收费、食品药品监管行政事业性收费、知识产权行政事业性收费等。实际上，按照我国目前行政事业性收费项目的设置规则，几乎所有政府行政事业部门均设置有数额不等的收费项目。

专项收费是指政府为提供特定专门服务，向特定人群收取的具有专门用途的非税收入。专项收费的典型例子有农田水利建设资金收入、教育附加收入、地方教育附加收入、水利建设专项收入等。

罚没收入是指国家执法机关依照国家法律、法规对违法者实施行政处罚所取得的罚没款和没收物品的折价收入。罚没收入的典型例子有公安罚没收入、海关罚没收入、省级罚没收入等。

2. 国有资产（本）收入

按照我国现行政府收支科目分类体系，一般公共预算的国有资产（本）收入主要涉及两个部分，一是国有资本经营收入，二是国有资源（资产）有偿使用收入。一般而言，金融机构和中央企业上缴利润属于中央财政收入，而地方国有企业上缴利润归属于地方政府，国有资源（资产）有偿使用收入则由中央与地方共享。

除列入一般公共预算的国有资本经营收入外，我国还在国有资本经营预算中列有国有资本经营收入。

3. 政府性基金收入

政府性基金是指各级政府及其所属部门根据法律、行政法规及有关文件规定，为支持公共事业发展，向公民、法人和其他组织无偿征收的具有专项用途的财政资金。政府性基金属于非补偿性的收入，由政府凭借行政管理权力强制地、无偿地征收，是比较典型的"准税收"。

另外，我国还编制有社会保险基金预算，但社会保险基金收入具有比较严格的专款专用性质,难以为地方政府提供可以自由调动的财力。

第二节 中央与地方政府收入结构

我国现有预算体系包括一般公共预算、政府性基金预算、国有资本经营预算和社会保险基金预算。其中,社会保险基金属于专款专用性质,一般不能构成地方政府自主可用财力,且需要政府从一般公共预算及其他预算为其拨款,因此,本书分析地方政府收入的结构时不包括社会保险基金,仅分析一般公共预算、政府性基金预算和国有资本经营预算的收入结构。

一 一般公共预算收入结构

1. 一般公共预算收入总体结构

改革开放以来,我国社会经济发展迅速,财政收入迅猛增加。特别是进入21世纪以来,无论是全国财政收入还是中央财政收入或地方财政收入都有了较大规模的增长。2000年全国公共财政收入13395.23亿元,到2010年公共财政收入迈过10万亿元大关,2020年则达到了182913.88亿元,年均增长率为13.96%。与全国财政收入和中央财政收入相比,地方财政收入增长更快。2000年地方财政收入为6406.06亿元,到2020年该数据达到了100143.16亿元,年均增长速度为14.74%。地方财政收入较高的增长速度使其在全国财政收入中的比重不断提高,2000年地方财政收入占比为47.80%,2011年首次超过50%,2020年更是达到了54.75%,达到了历史最高点。详见表3-2。

表 3-2　　　　　　　　公共财政收入规模与结构

年份	全国公共财政收入 绝对额（亿元）	增速（%）	中央财政收入 绝对额（亿元）	增速（%）	占比（%）	地方财政收入 绝对额（亿元）	增速（%）	占比（%）
2000	13395.23	17.00	6989.17	19.49	52.18	6406.06	14.50	47.80
2001	16386.04	22.30	8582.74	22.80	52.38	7803.30	21.80	47.60
2002	18903.64	15.40	10388.64	21.04	54.96	8515.00	9.10	45.00
2003	21715.25	14.90	11865.27	14.21	54.64	9849.98	15.70	45.40
2004	26396.47	21.60	14503.1	22.23	54.94	11893.37	20.70	45.10
2005	31649.29	19.90	16548.53	14.10	52.29	15100.76	27.00	47.70
2006	38760.2	22.50	20456.62	23.62	52.78	18303.58	21.20	47.20
2007	51321.78	32.40	27749.16	35.65	54.07	23572.62	28.80	45.90
2008	61330.35	19.50	32680.56	17.77	53.29	28649.79	21.50	46.70
2009	68518.3	11.70	35915.71	9.90	52.42	32602.59	13.80	47.60
2010	83101.51	21.30	42488.47	18.30	51.13	40613.04	24.60	48.90
2011	103874.43	25.00	51327.32	20.80	49.41	52547.11	29.40	50.60
2012	117253.52	12.90	56175.23	9.45	47.91	61078.29	16.20	52.10
2013	129209.64	10.20	60198.48	7.16	46.59	69011.16	13.00	53.40
2014	140370.03	8.60	64493.45	7.13	45.95	75876.58	9.90	54.10
2015	152269.23	5.80	69267.19	7.40	45.49	83002.04	9.40	54.50
2016	159604.97	4.78	72365.62	4.46	45.35	87239.35	5.05	54.65
2017	172592.77	8.14	81123.36	12.10	47.00	91469.41	4.85	53.00
2018	183359.84	6.24	85456.46	5.34	46.61	97903.38	7.03	53.39
2019	190390.08	3.83	89309.47	4.51	46.91	101080.61	3.25	53.09
2020	182913.88	-3.93	82770.72	-7.32	45.25	100143.16	-0.93	54.75

资料来源：《中国统计年鉴》（2021）。

2. 一般公共预算非税收入结构

除税收收入外，一般公共预算收入还包括中义的非税收入，即政府收费收入和国有资本收入。

表 3-3 反映了我国行政事业性收费收入的情况。全国行政事

业性收费收入从2007年的1897.35亿元上升为2020年的3838.65亿元。地方行政事业性收费收入绝对额从2007年的1543.69亿元上升为2020年的3419.43亿元，收入占比从2007年的81.36%上升为2020年的89.08%。

表3-3　　　　　　　行政事业性收费收入规模与结构

年份	全国行政事业性收费收入（亿元）	中央行政事业性收费收入		地方行政事业性收费收入	
		绝对额（亿元）	占比（%）	绝对额（亿元）	占比（%）
2007	1897.35	353.66	18.64	1543.69	81.36
2008	2134.86	372.88	17.47	1761.98	82.53
2009	2317.04	359.54	15.52	1957.50	84.48
2010	2996.39	396.02	13.22	2600.37	86.78
2011	4039.38	404.02	10.00	3635.36	90.00
2012	4579.54	377.20	8.24	4202.34	91.76
2013	4775.83	278.48	5.83	4497.35	94.17
2014	5206.00	365.63	7.02	4840.37	92.98
2015	4873.02	460.94	9.46	4412.08	90.54
2016	4896.01	479.51	9.79	4416.50	90.21
2017	4745.27	440.07	9.27	4305.20	90.73
2018	3925.45	404.56	10.31	3520.89	89.69
2019	3888.07	404.69	10.41	3483.38	89.59
2020	3838.65	419.22	10.92	3419.43	89.08

资料来源：《中国统计年鉴》（2008—2021）。

表3-4反映了我国专项收费收入的情况。全国专项收费收入从2007年的1241.85亿元上升为2020年的7123.36亿元。地方专项收费收入绝对额从2007年的1088.16亿元上升为2020年的6927.08亿元，收入占比从2007年的87.62%上升为2020年的97.24%。

表 3-4　　　　　　　　专项收入规模与结构

年份	全国专项收费收入（亿元）	中央专项收费收入		地方专项收费收入	
		绝对额（亿元）	占比（%）	绝对额（亿元）	占比（%）
2007	1241.85	153.69	12.38	1088.16	87.62
2008	1554.10	200.65	12.91	1353.45	87.09
2009	1636.99	223.71	13.67	1413.28	86.33
2010	2040.74	298.03	14.60	1742.71	85.40
2011	3056.41	361.40	11.82	2695.01	88.18
2012	3232.63	412.67	12.77	2819.96	87.23
2013	3528.61	406.39	11.52	3122.22	88.48
2014	3711.35	406.59	10.96	3304.76	89.04
2015	6985.08	574.72	8.23	6410.36	91.77
2016	6909.26	722.38	10.46	6186.88	89.54
2017	7028.71	508.55	7.24	6520.16	92.76
2018	7523.38	325.94	4.33	7197.44	95.67
2019	7134.16	284.23	3.98	6849.93	96.02
2020	7123.36	196.28	2.76	6927.08	97.24

资料来源：《中国统计年鉴》（2008—2021）。

表3-5反映了我国罚没收入的情况。全国罚没收入从2007年的840.26亿元上升为2020年的3113.87亿元。地方罚没收入绝对额从2007年的812.01亿元上升为2020年的2969.06亿元，收入占比从2007年的96.64%上升为2020年的95.35%。

表 3-5　　　　　　　　罚没收入规模与结构

年份	全国罚没收入（亿元）	中央罚没收入		地方罚没收入	
		绝对额（亿元）	占比（%）	绝对额（亿元）	占比（%）
2007	840.26	28.25	3.36	812.01	96.64
2008	898.40	31.72	3.53	866.68	96.47
2009	973.86	35.25	3.62	938.61	96.38

续表

年份	全国罚没收入（亿元）	中央罚没收入 绝对额（亿元）	占比（%）	地方罚没收入 绝对额（亿元）	占比（%）
2010	1074.64	31.79	2.96	1042.85	97.04
2011	1301.39	38.76	2.98	1262.63	97.02
2012	1559.81	40.35	2.59	1519.46	97.41
2013	1658.77	45.43	2.74	1613.34	97.26
2014	1721.82	88.93	5.16	1632.89	94.84
2015	1876.86	113.96	6.07	1762.90	93.93
2016	1918.34	66.83	3.48	1851.51	96.52
2017	2394.14	232.04	9.69	2162.10	90.31
2018	2659.18	167.00	6.28	2492.18	93.72
2019	3062.09	132.78	4.34	2929.31	95.66
2020	3113.87	144.81	4.65	2969.06	95.35

资料来源：《中国统计年鉴》（2008—2021）。

表3-6反映了我国国有资本经营收入的情况。总体来看，全国国有资本经营收入呈现增长趋势，但变动幅度较大；从2014年度3176.33亿元上升为2019年的7720.52亿元；2018年收入减少至3574.20亿元，受疫情影响较大的2020年更是减少至1938.95亿元。一般而言，国有资本经营收入中央占大头，2014年中央收入为2029.99亿元，而地方收入仅为1146.34亿元，占比分别为63.91%和36.09%。2014—2018年，国有资本经营收入的中央占比呈上升趋势，2018年达到了90.03%；但2019年中央占比下降为86.25%，2020年则进一步下降为50.18%。

表3-7反映了国有资源（资产）有偿使用收入的情况。我国国有资源（资产）有偿使用收入呈稳步增长趋势，从2014年的4366.77亿元上升至2020年的9934.33亿元。与国有资本经营收入相比，国有资源（资产）有偿使用收入中地方占大头，且稳定性

表 3-6　　　　我国国有资本经营收入规模与结构

年份	全国国有资本经营收入（亿元）	中央国有资本经营收入		地方国有资本经营收入	
		绝对额（亿元）	占比（%）	绝对额（亿元）	占比（%）
2014	3176.33	2029.99	63.91	1146.34	36.09
2015	6080.21	5389.45	88.64	690.76	11.36
2016	5895.41	5037.76	85.45	857.65	14.55
2017	4191.16	3624.10	86.47	567.06	13.53
2018	3574.20	3217.94	90.03	356.26	9.97
2019	7720.52	6659.03	86.25	1061.49	13.75
2020	1938.95	972.89	50.18	966.06	49.82

资料来源：《中国统计年鉴》（2015—2021）。

强；2014 年中央收入为 179.12 亿元，地方收入为 4187.65 亿元，占比分别为 4.10% 和 95.90%。2020 年中央收入为 1282.39 亿元，地方收入为 8651.94 亿元，分别占比 12.91% 和 87.09%，地方收入占比略有下降。

表 3-7　　　我国国有资源（资产）有偿使用收入规模与结构

年份	全国国有资源（资产）有偿使用收入（亿元）	中央国有资源（资产）有偿使用收入		地方国有资源（资产）有偿使用收入	
		绝对额（亿元）	占比（%）	绝对额（亿元）	占比（%）
2014	4366.77	179.12	4.10	4187.65	95.90
2015	5463.89	243.15	4.45	5220.74	95.55
2016	6926.70	274.27	3.96	6652.43	96.04
2017	7454.60	532.31	7.14	6922.29	92.86
2018	7075.98	789.11	11.15	6286.87	88.85
2019	8061.01	717.00	8.89	7344.01	91.11
2020	9934.33	1282.39	12.91	8651.94	87.09

资料来源：《中国统计年鉴》（2015—2021）。

表 3-8 反映了国有资产（资本）收入的整体情况。我国国有资产（资本）收入呈稳步增长趋势，从 2014 年的 7543.10 亿元上升至 2019 年的 15781.53 亿元，但 2020 年下降为 11873.28 亿元。2014 年中央国有资产（资本）收入为 2209.11 亿元，占比为 29.29%；2015—2019 年中央收入占比稳定在 35%—50%，但 2020 年该比重快速下降至 18.99%。总体来看，与中央收入占比的先上升后下降相反，地方收入占比从 2014 年 70.71% 的高位下降，2020 年则快速拉升至 81.01% 的历史高位。

表 3-8　　　　　我国国有资产（资本）收入规模与结构

年份	全国国有资产（资本）收入（亿元）	中央国有资产（资本）收入		地方国有资产（资本）收入	
		绝对额（亿元）	占比（%）	绝对额（亿元）	占比（%）
2014	7543.10	2209.11	29.29	5333.99	70.71
2015	11544.10	5632.60	48.79	5911.5	51.21
2016	12822.11	5312.03	41.43	7510.08	58.57
2017	11645.76	4156.41	35.69	7489.35	64.31
2018	10650.18	4007.05	37.62	6643.13	62.38
2019	15781.53	7376.03	46.74	8405.50	53.26
2020	11873.28	2255.28	18.99	9618.00	81.01

资料来源：《中国统计年鉴》（2015—2021）。

二　政府性基金预算收入结构

我国政府性基金的规模庞大，对于地方政府的运行具有非常重要的作用。2010 年地方政府性基金收入为 33609.27 亿元，占全国的比重为 91.37%；2020 年地方政府性基金收入为 89929.64 亿元，占比为 96.19%。详见表 3-9。地方政府性基金收入占全国的比重均在90%以上，而其中尤以土地相关基金收入占比最大。2015年政府性基金收入比上年有所回落，仅为上年的84.1%，其原因在于国有土地使用出让金收入大幅下降；而2016年土地相关基金收入仍没有较大回升，因此政府性基金收入总额仍低于2014年；但2017年后政府性基金收入规模则有较快增长。

表3-9　　　　　　　　地方政府性基金收入规模

年份	全国政府性基金收入	中央政府性基金收入		地方政府性基金收入	
		绝对额（亿元）	占比（%）	绝对额（亿元）	占比（%）
2010	36785.02	3175.75	8.63	33609.27	91.37
2011	41363.13	3130.82	7.57	38232.31	92.43
2012	37534.9	3318.16	8.84	34216.74	91.16
2013	52268.75	4238.44	8.11	48030.31	91.89
2014	54113.65	4108.08	7.59	50005.57	92.41
2015	42338.14	4118.19	9.73	38219.95	90.27
2016	46643.31	4178.12	8.96	42465.19	91.04
2017	61479.66	3824.77	6.22	57654.89	93.78
2018	75479.07	4034.81	5.35	71444.26	94.65
2019	84517.72	4039.78	4.78	80477.94	95.22
2020	93491.26	3561.62	3.81	89929.64	96.19

注：中央和地方政府性基金收入是指本级收入，不含下级上解收入和中央对地方的转移支付。

资料来源：《中国财政年鉴》（2012—2021）。

三　国有资本经营预算收入结构

2007年9月，国务院发布《关于试行国有资本经营预算的意见》，标志着中国开始正式建立国有资本经营预算制度。国有资本经营预算是政府以所有者身份依法取得国有资本收益，并对所得收益进行分配而发生的收支预算，是政府预算的重要组成部分。按照《中华人民共和国企业国有资产法》（2008）的规定，国有资本经营预算按年度单独编制，纳入本级政府预算，报本级人民代表大会批准。《中国财政年鉴》（2012）开始公布2010年和2011年的中央国有资本经营预算收入，《中国财政年鉴》（2013）开始公布全国、中央和地方的国有资本经营预算收入。数据显示，2012年地方国有资本经营预算收入为525.22亿元，占全国国有资本经营预算收入的35.11%；2020年地方国有资本经营收入为2988.94亿元，占比为62.60%。总体来看，地方国有资本经营预算收入的占比呈逐年上升趋势。详见表3-10。

表3-10　　　　　　　　国有资本经营预算收入规模与结构

年份	全国国有资本经营预算收入	中央国有资本经营预算收入		地方国有资本经营预算收入	
		绝对额（亿元）	占比（%）	绝对额（亿元）	占比（%）
2010		558.67			
2011		765.01			
2012	1495.90	970.68	64.89	525.22	35.11
2013	1713.36	1058.43	61.78	654.93	38.22
2014	2007.59	1410.91	70.28	596.68	29.72
2015	2550.98	1613.06	63.23	937.92	36.77
2016	2608.95	1430.17	54.82	1178.78	45.18
2017	2580.90	1244.27	48.21	1336.63	51.79
2018	2905.79	1326.38	45.65	1579.41	54.35
2019	3971.82	1635.96	41.19	2335.86	58.81
2020	4774.55	1785.61	37.40	2988.94	62.60

注：地方国有资本经营预算收入是指本级收入，不含中央转移支付。
资料来源：《中国财政年鉴》（2012—2021）。

第三节　地方税与地方财政收入结构

一　地方税在国家财政收入中的地位

表3-11反映了地方税收收入在国家财政收入中的地位。全国公共财政收入从2007年的51321.78亿元上升为2020年的182913.88亿元，增长2倍多；地方公共财政收入则从2007年的23572.62亿元上升为2020年的100143.16亿元，增长3倍多，比全国公共财政收入的增长还要快；地方税收收入从2007年的19252.12亿元上升为2020年的74668.06亿元，增长速度高于全国公共财政收入但低于地方公共财政收入。

表3-11　地方税收收入在国家财政收入中的地位

年份	全国公共财政收入（亿元）	地方公共财政收入（亿元）	地方税收收入（亿元）	地方公共财政收入/全国公共财政收入（%）	地方税收收入/全国公共财政收入（%）	地方税收收入/地方公共财政收入（%）
2007	51321.78	23572.62	19252.12	45.93	37.51	81.67
2008	61330.35	28649.79	23255.11	46.71	37.92	81.17
2009	68518.3	32602.59	26157.44	47.58	38.18	80.23
2010	83101.51	40613.04	32701.49	48.87	39.35	80.52
2011	103874.43	52547.11	41106.74	50.59	39.57	78.23
2012	117253.52	61078.29	47319.08	52.09	40.36	77.47
2013	129209.64	69011.16	53890.88	53.41	41.71	78.09
2014	140370.03	75876.58	59139.91	54.05	42.13	77.94
2015	152269.23	83002.04	62661.93	54.51	41.15	75.49

续表

年份	全国公共财政收入（亿元）	地方公共财政收入（亿元）	地方税收收入（亿元）	地方公共财政收入/全国公共财政收入（%）	地方税收收入/全国公共财政收入（%）	地方税收收入/地方公共财政收入（%）
2016	159604.97	87239.35	64691.69	54.66	40.53	74.15
2017	172592.77	91469.41	68672.72	53.00	39.79	75.08
2018	183359.84	97903.38	75954.79	53.39	41.42	77.58
2019	190390.08	101080.61	76980.13	53.09	40.43	76.16
2020	182913.88	100143.16	74668.06	54.75	40.82	74.56

资料来源：《中国统计年鉴》（2008—2021）。

数据表明，地方公共财政收入占全国的比重处于不断上升的过程中，从2007年的45.93%上升为2020年的54.75%；同期地方税收收入占全国公共财政收入的比重则从2007年的37.51%上升为2020年的40.82%。同期，地方税收收入占地方公共财政收入的比重有所下降，从2007年的81.67%下降为2020年的74.56%。

二 地方政府收入的总体结构

按照地方政府收入的核算框架，2020年地方政府收入总额为193061.74亿元。其中，公共财政收入为100143.16亿元，占比51.87%；地方政府性基金收入为89929.64亿元，占比为46.58%；地方国有资本经营收入为2988.94亿元，占比为1.55%。应特别注意的是，由于国有土地使用权出让不顺利，土地相关基金收入下降幅度较大，2015年和2016年地方政府性基金收入规模和占比同步下降。详见表3-12。

表 3-12　　　　　　　　地方政府收入总体结构

年份	地方政府收入总额（亿元）	公共财政收入 绝对额（亿元）	公共财政收入 占比（%）	地方政府性基金收入 绝对额（亿元）	地方政府性基金收入 占比（%）	地方国有资本经营收入 绝对额（亿元）	地方国有资本经营收入 占比（%）
2007	23572.62	23572.62					
2008	28649.79	28649.79					
2009	32602.59	32602.59					
2010	74222.31	40613.04	54.18	33609.27	45.82		
2011	90779.42	52547.11	57.29	38232.31	42.71		
2012	95820.25	61078.29	63.74	34216.74	36.49	525.22	0.55
2013	117696.40	69011.16	58.63	48030.31	40.81	654.93	0.56
2014	126478.83	75876.58	59.99	50005.57	39.54	596.68	0.47
2015	122159.91	83002.04	67.95	38219.95	31.29	937.92	0.77
2016	130883.32	87239.35	66.65	42465.19	32.45	1178.78	0.90
2017	150460.93	91469.41	60.79	57654.89	38.32	1336.63	0.89
2018	170927.05	97903.38	57.28	71444.26	41.80	1579.41	0.92
2019	183894.41	101080.61	54.97	80477.94	43.76	2335.86	1.27
2020	193061.74	100143.16	51.87	89929.64	46.58	2988.94	1.55

注：本表地方国有资本经营收入来自国有资本经营预算，不含一般公共预算中的国有资本经营收入。

资料来源：《中国财政年鉴》（2012—2021）。

三　地方公共财政收入的结构

地方公共财政收入主要包括两个部分，即税收收入和非税收入，其中非税收入主要包括政府收费收入和国有资产（本）收入。2007 年地方公共财政收入为 23572.62 亿元，税收收入为 19252.12 亿元，占比为 81.67%；非税收入为 4320.50 亿元，占比为 18.33%。2011 年，地方公共财政收入为 52547.11 亿元，税收收入为 41106.74 亿元，占比为 78.23%；非税收入为 11440.37 亿元，占比为 21.77%，首次上升到 20% 以上。2015 年，地方公共财政收入为 83002.04 亿元，税收收入为 62661.93 亿元，占比为 75.49%；非税收入为 20340.11 亿元，占比为 24.51%。2020 年，地方公共财政收入为 100143.16 亿元，税收收入为 74668.06 亿元，占比为 74.56%；非税收入为 25475.10 亿元，占比为 25.44%。总体来看，非税收入比重呈不断提高的趋势，致使 2020 年税收收入占地方政府收入的比重下降到 74.56%，对地方政府收入筹集的规范性造成了很大的影响。详见表 3-13。

表 3-13　　　　　　　　　地方公共财政收入的结构

年份	地方公共财政收入（亿元）	税收收入 绝对额（亿元）	占比（%）	非税收入 绝对额（亿元）	占比（%）
2007	23572.62	19252.12	81.67	4320.50	18.33
2008	28649.79	23255.11	81.17	5394.68	18.83
2009	32602.59	26157.44	80.23	6445.15	19.77
2010	40613.04	32701.49	80.52	7911.55	19.48
2011	52547.11	41106.74	78.23	11440.37	21.77
2012	61078.29	47319.08	77.47	13759.21	22.53
2013	69011.16	53890.88	78.09	15120.28	21.91
2014	75876.58	59139.91	77.94	16736.67	22.06
2015	83002.04	62661.93	75.49	20340.11	24.51
2016	87239.35	64691.69	74.15	22547.66	25.85
2017	91469.41	68672.72	75.08	22796.69	24.92
2018	97903.38	75954.79	77.58	21948.59	22.42
2019	101080.61	76980.13	76.16	24100.48	23.84
2020	100143.16	74668.06	74.56	25475.10	25.44

注：本表的非税收入不包括政府性基金收入和国有资本经营预算收入。
资料来源：《中国统计年鉴》（2008—2021）。

四 地方税收收入的内部结构

地方税收收入是地方公共财政收入最重要的组成部分。根据我国现有财政体制，消费税、进口环节的增值税和消费税、关税、车船税、船舶吨税等均属于中央固定税收收入，因而不能列入地方税收收入。在地方税收收入中，绝对额较大的税收主要有营业税（2016年取消）、国内增值税、企业所得税、契税、土地增值税和个人所得税等。详见表3-14。数据表明，在全部地方税收收入中，2007年营业税占比33.14%，国内增值税占比20.09%，企业所得税占比16.27%，个人所得税占比6.62%，契税占比6.27%；2015年营业税占比30.58%，国内增值税占比16.14%，企业所得税占比15.15%，契税占比6.22%，土地增值税占比6.12%。2016年国内增值税占比29.00%，营业税占比15.72%，企业所得税占比15.67%，契税占比6.65%，土地增值税占比6.51%；2020年国内增值税占比38.09%，企业所得税占比17.64%，契税占比9.46%，土地增值税占比8.66%，个人所得税占比6.20%。

总体来看，尽管"营改增"试点自2012年开始实施，但在较长时期内其在地方财政收入中仍然"一税独大"；2016年"营改增"覆盖全国所有行业后，营业税的占比迅速下滑到15.72%，并于2017年归零。在营业税停征后，地方税收收入中增值税占比异军突起，迅速上升到40%左右。在上述税种中，契税增长较快，从2007年的第五大税种上升为2015年的第四大税种，至2020年则上升为第三大税种；而个人所得税的占比则呈先降后升趋势，最低为2013年的4.86%，最高为2018年的7.30%。

表 3-14　地方税收分项目收入

单位：亿元

项目	2007年	2008年	2009年	2010年	2011年	2012年	2013年	2014年	2015年	2016年	2017年	2018年	2019年	2020年
税收收入	19252.12	23255.11	26157.44	32701.49	41106.74	47319.08	53890.88	59139.91	62661.93	64691.69	68672.72	75954.79	76980.13	74668.06
国内增值税	3867.62	4499.18	4565.26	5196.22	5989.25	6737.16	8276.32	9752.33	10112.52	18762.61	28212.16	30777.45	31186.90	28438.10
营业税	6379.51	7394.29	8846.88	11004.57	13504.44	15542.91	17154.58	17712.79	19162.11	10168.80				
企业所得税	3132.28	4002.08	3917.75	5048.37	6746.29	7571.6	7983.34	8828.64	9493.79	10135.58	11694.50	13081.60	13517.75	13168.28
个人所得税	1273.78	1488.08	1582.54	1934.3	2421.04	2327.63	2612.54	2950.58	3446.75	4034.92	4785.64	5547.55	4154.34	4627.27
资源税	261.15	301.76	338.24	417.57	595.87	855.76	960.31	1039.38	997.07	919.40	1310.54	1584.75	1768.52	1706.53
城市维护建设税	1148.7	1336.3	1419.92	1736.27	2609.92	2934.76	3243.6	3461.82	3707.04	3880.32	4204.12	4680.67	4614.44	4443.10
房产税	575.46	680.34	803.66	894.07	1102.39	1372.49	1581.5	1851.64	2050.9	2220.91	2604.33	2888.56	2988.43	2841.76
印花税	316.6	361.61	402.45	512.52	616.94	691.25	788.81	893.12	965.29	958.82	1137.89	1222.48	1233.58	1313.80
城镇土地使用税	385.49	816.9	920.98	1004.01	1222.26	1541.72	1718.77	1992.62	2142.04	2255.74	2360.55	2387.60	2195.41	2058.22
土地增值税	403.1	537.43	719.56	1278.29	2062.61	2719.06	3293.91	3914.68	3832.18	4212.19	4911.28	5641.38	6465.14	6468.51
车船税	68.16	144.21	186.51	241.62	302.00	393.02	473.96	541.06	613.29	682.68	773.59	831.19	880.95	945.41
耕地占用税	185.04	314.41	633.07	888.64	1075.46	1620.71	1808.23	2059.05	2097.21	2028.89	1651.89	1318.85	1389.84	1257.57

续表

项目	2007年	2008年	2009年	2010年	2011年	2012年	2013年	2014年	2015年	2016年	2017年	2018年	2019年	2020年
契税	1206.25	1307.53	1735.05	2464.85	2765.73	2874.01	3844.02	4000.7	3898.55	4300.00	4910.42	5729.94	6212.86	7061.02
烟叶税	47.8	67.45	80.81	78.36	91.38	131.78	150.26	141.05	142.78	130.54	115.72	111.35	111.03	108.67
环境保护税												151.38	221.16	207.06
其他税收收入	1.18	3.54	4.76	1.78	1.16	5.22	0.73	0.45	0.41	0.29	0.09	0.04	39.78	22.76

资料来源:《中国统计年鉴》(2008—2021)。

需要注意的是,与土地或房地产相关的税收收入占比不断提高。通常认为,契税、土地增值税、城镇土地使用税、耕地占用税、房产税是最主要的土地或房产税收。2007年相关税收收入为2755.34亿元,2015年达到了14020.88亿元,翻了两番多。其中,2015年各税种收入分别为3898.55亿元、3832.18亿元、2142.04亿元、2097.21亿元、2050.90亿元。2020年土地与房地产相关税收收入达到了19687.08亿元,其中,契税为7061.02亿元,土地增值税为6468.51亿元,城镇土地使用税为2058.22亿元,耕地占用税为1257.57亿元,房产税为2841.76亿元。从占比来看,2007年土地与房地产相关收入占比为14.31%,到2020年上升为26.37%。如果考虑原营业税中的建筑业和不动产销售税收,或者"营改增"后并入增值税后的相关税收,那么这个比重还会进一步上升。详见表3-15。

表3-15　　　　　地方土地与房地产相关税收收入　　　　单位:亿元

年份	地方税收总收入	契税	土地增值税	城镇土地使用税	耕地占用税	房产税	土地收入小计	土地收入占比(%)
2007	19252.12	1206.25	403.10	385.49	185.04	575.46	2755.34	14.31
2008	23255.11	1307.53	537.43	816.90	314.41	680.34	3656.61	15.72
2009	26157.44	1735.05	719.56	920.98	633.07	803.66	4812.32	18.40
2010	32701.49	2464.85	1278.29	1004.01	888.64	894.07	6529.86	19.97
2011	41106.74	2765.73	2062.61	1222.26	1075.46	1102.39	8228.45	20.02
2012	47319.08	2874.01	2719.06	1541.72	1620.71	1372.49	10127.99	21.40
2013	53890.88	3844.02	3293.91	1718.77	1808.23	1581.50	12246.43	22.72
2014	59139.91	4000.70	3914.68	1992.62	2059.05	1851.64	13818.69	23.37
2015	62661.93	3898.55	3832.18	2142.04	2097.21	2050.90	14020.88	22.38
2016	64691.69	4300.00	4212.19	2255.74	2028.89	2220.91	15017.73	23.21
2017	68672.72	4910.42	4911.28	2360.55	1651.89	2604.33	16438.47	23.94

续表

年份	地方税收总收入	契税	土地增值税	城镇土地使用税	耕地占用税	房产税	土地收入小计	土地收入占比（%）
2018	75954.79	5729.94	5641.38	2387.60	1318.85	2888.56	17966.33	23.65
2019	76980.13	6212.86	6465.14	2195.41	1389.84	2988.43	19251.68	25.01
2020	74668.06	7061.02	6468.51	2058.22	1257.57	2841.76	19687.08	26.37

资料来源：《中国统计年鉴》（2008—2021）。

五 地方公共财政收入的地区结构

表3-16反映了我国分地区地方公共财政收入的情况。2007年地方公共财政收入排在前十名的分别是广东、江苏、上海、山东、浙江、北京、辽宁、河南、四川和河北；2015年地方公共财政收入排在前十名的分别是广东、江苏、山东、上海、浙江、北京、四川、河南、湖北、天津。2020年地方公共财政收入排在前十名的分别是广东、江苏、浙江、上海、山东、北京、四川、河南、河北、安徽，其财政收入分别为12923.85亿元、9058.99亿元、7248.24亿元、7046.30亿元、6559.93亿元、5483.89亿元、4260.89亿元、4168.84亿元、3826.46亿元和3216.01亿元。

表3-17反映了我国分区域地方公共财政收入的分布及变化趋势。从四大区域来看，东部地区占比一直稳定在50%以上，但2012—2014年下降到不足54%；2015年起有所回升，但仍低于2007年的59.62%。东北地区收入占比基本呈一路下滑趋势，从2007年的7.82%下降为2020年的4.89%；中部和西部地区有小幅度的上升，分别从2007年的15.23%和17.33%上升为2020年的17.68%和19.55%。

表 3-16　分地区地方公共财政收入

单位：亿元

项目	2007年	2008年	2009年	2010年	2011年	2012年	2013年	2014年	2015年	2016年	2017年	2018年	2019年	2020年
合计	23572.62	28649.79	32602.59	40613.04	52547.11	61078.29	69011.16	75876.58	83002.04	87239.35	91469.41	97903.38	101080.61	100143.16
北京	1492.64	1837.32	2026.81	2353.93	3006.28	3314.93	3661.11	4027.16	4723.86	5081.26	5430.79	5785.92	5817.10	5483.89
天津	540.44	675.62	821.99	1068.81	1455.13	1760.02	2079.07	2390.35	2667.11	2723.50	2310.36	2106.24	2410.41	1923.11
河北	789.12	947.59	1067.12	1331.85	1737.77	2084.28	2295.62	2446.62	2649.18	2849.87	3233.83	3513.86	3738.99	3826.46
山西	597.89	748.00	805.83	969.67	1213.43	1516.38	1701.62	1820.64	1642.35	1557.00	1867.31	2292.70	2347.75	2296.57
内蒙古	492.36	650.68	850.86	1069.98	1356.67	1552.75	1720.98	1843.67	1964.48	2016.43	1703.21	1857.65	2059.69	2051.20
辽宁	1082.69	1356.08	1591.22	2004.84	2643.15	3105.38	3343.81	3192.78	2127.39	2200.49	2392.77	2616.08	2652.40	2655.75
吉林	320.69	422.80	487.09	602.41	850.10	1041.25	1156.96	1203.38	1229.35	1263.78	1210.91	1240.89	1116.95	1085.02
黑龙江	440.47	578.28	641.66	755.58	997.55	1163.17	1277.40	1301.31	1165.88	1148.41	1243.31	1282.60	1262.76	1152.51
上海	2074.48	2358.75	2540.30	2873.58	3429.83	3743.71	4109.51	4585.55	5519.50	6406.13	6642.26	7108.15	7165.10	7046.30
江苏	2237.73	2731.41	3228.78	4079.86	5148.91	5860.69	6568.46	7233.14	8028.59	8121.23	8171.53	8630.16	8802.36	9058.99
浙江	1649.50	1933.39	2142.51	2608.47	3150.80	3441.23	3796.92	4122.02	4809.94	5301.98	5804.38	6598.21	7048.58	7248.24
安徽	543.70	724.62	863.92	1149.40	1463.56	1792.72	2075.08	2218.44	2454.30	2672.79	2812.45	3048.67	3182.71	3216.01
福建	699.46	833.40	932.43	1151.49	1501.51	1776.17	2119.45	2362.21	2544.24	2654.83	2809.03	3007.41	3052.93	3079.04
江西	389.85	488.65	581.30	778.09	1053.43	1371.99	1621.24	1881.83	2165.74	2151.47	2247.06	2373.01	2487.39	2507.54

第三章 现代国家治理与地方税体系建设:现实格局 69

续表

项目	2007年	2008年	2009年	2010年	2011年	2012年	2013年	2014年	2015年	2016年	2017年	2018年	2019年	2020年
山东	1675.40	1957.05	2198.63	2749.38	3455.93	4059.43	4559.95	5026.83	5529.33	5860.18	6098.63	6485.40	6526.71	6559.93
河南	862.08	1008.90	1126.06	1381.32	1721.76	2040.33	2415.45	2739.26	3016.05	3153.47	3407.22	3766.02	4041.89	4168.84
湖北	590.36	710.85	814.87	1011.23	1526.91	1823.05	2191.22	2566.90	3005.53	3102.06	3248.32	3307.08	3388.57	2511.54
湖南	606.55	722.71	847.62	1081.69	1517.07	1782.16	2030.88	2262.79	2515.43	2697.88	2757.82	2860.84	3007.15	3008.66
广东	2785.80	3310.32	3649.81	4517.04	5514.84	6229.18	7081.47	8065.08	9366.78	10390.35	11320.35	12105.26	12654.53	12923.85
广西	418.83	518.42	620.99	771.99	947.72	1166.06	1317.60	1422.28	1515.16	1556.27	1615.13	1681.45	1811.89	1716.94
海南	108.29	144.86	178.24	270.99	340.12	409.44	481.01	555.31	627.70	637.51	674.11	752.67	814.14	816.06
重庆	442.70	577.57	655.17	952.07	1488.33	1703.49	1693.24	1922.02	2154.83	2227.91	2252.38	2265.54	2134.93	2094.85
四川	850.86	1041.66	1174.59	1561.67	2044.79	2421.27	2784.10	3061.07	3355.44	3388.85	3577.99	3911.01	4070.83	4260.89
贵州	285.14	347.84	416.48	533.73	773.08	1014.05	1206.41	1366.67	1503.38	1561.34	1613.84	1726.85	1767.47	1786.80
云南	486.71	614.05	698.25	871.19	1111.16	1338.15	1611.30	1698.06	1808.15	1812.29	1886.17	1994.35	2073.56	2116.69
西藏	20.14	24.88	30.09	36.65	54.76	86.58	95.02	124.27	137.13	155.99	185.83	230.35	221.99	220.99
陕西	475.24	591.48	735.27	958.21	1500.18	1600.69	1748.33	1890.40	2059.95	1833.99	2006.69	2243.14	2287.90	2257.31
甘肃	190.91	264.97	286.59	353.58	450.12	520.40	607.27	672.67	743.86	786.97	815.73	871.05	850.49	874.55
青海	56.71	71.57	87.74	110.22	151.81	186.42	223.86	251.68	267.13	238.51	246.20	272.89	282.25	297.99

续表

项目	2007年	2008年	2009年	2010年	2011年	2012年	2013年	2014年	2015年	2016年	2017年	2018年	2019年	2020年
宁夏	80.03	95.01	111.58	153.55	219.98	263.96	308.34	339.86	373.45	387.66	417.59	436.52	423.58	419.44
新疆	285.86	361.06	388.78	500.58	720.43	908.97	1128.49	1282.34	1330.85	1298.95	1466.52	1531.42	1577.63	1477.22

资料来源：《中国统计年鉴》(2008—2021)。

表 3-17　　　　　　　　分区域地方公共财政收入

年份	地方合计（亿元）	东北地区 绝对额（亿元）	占比（%）	东部地区 绝对额（亿元）	占比（%）	中部地区 绝对额（亿元）	占比（%）	西部地区 绝对额（亿元）	占比（%）
2007	23572.62	1843.85	7.82	14052.86	59.62	3590.43	15.23	4085.49	17.33
2008	28649.79	2357.16	8.23	16729.71	58.39	4403.73	15.37	5159.19	18.01
2009	32602.59	2719.97	8.34	18786.62	57.62	5039.6	15.46	6056.39	18.58
2010	40613.04	3362.83	8.28	23005.4	56.65	6371.4	15.69	7873.42	19.39
2011	52547.11	4490.8	8.55	28741.12	54.70	8496.16	16.17	10819.03	20.59
2012	61078.29	5309.8	8.69	32679.08	53.50	10326.63	16.91	12762.79	20.90
2013	69011.16	5778.17	8.37	36752.57	53.26	12035.49	17.44	14444.94	20.93
2014	75876.58	5697.47	7.51	40814.27	53.79	13489.86	17.78	15874.99	20.92
2015	83002.04	4522.62	5.45	46466.23	55.98	14799.4	17.83	17213.81	20.74
2016	87239.35	4612.68	5.29	50026.84	57.34	15334.67	17.58	17265.16	19.79
2017	91469.41	4846.99	5.30	52495.27	57.39	16339.87	17.86	17787.28	19.45
2018	97903.38	5139.57	5.25	56093.27	57.29	17648.32	18.03	19022.22	19.43
2019	101080.61	5032.10	4.98	58030.85	57.41	18455.45	18.26	19562.21	19.35
2020	100143.16	4893.29	4.89	57965.85	57.88	17709.16	17.68	19574.86	19.55

注：东部地区包括北京、天津、河北、上海、江苏、浙江、福建、山东、广东和海南10省（市）；中部地区包括山西、安徽、江西、河南、湖北和湖南6省；西部地区包括内蒙古、广西、重庆、四川、贵州、云南、西藏、陕西、甘肃、青海、宁夏和新疆12省（市、区）；东北地区包括黑龙江、吉林、辽宁3省。

资料来源：《中国统计年鉴》（2008—2021）。

第四节　地方税与企业税费负担调查

一　企业税费负担调查的目的与设计

政府组织的财政收入大部分来自企业，而无论是税收还是其他政府收费项目都属于企业的负担。因此，单纯研究政府所组织的税收收入，对于企业的负担来说并没有多大的意义，有必要将企业的税费负担统合起来加以研究。就企业税费负担的数据而言，尽管每隔一段时期各级政府都会组织相关调查，但相关数据大多并不对外公开。近年来，我国大力实施减税降费政策，在较大程度上降低了企业的税费负担，但企业的税费负担到底如何呢？我们得到的一般场景是企业普遍认为税费负担过重；而来自政府部门特别是税务部门的声音则普遍认为我国的税收负担较轻，约为20%；即使是大口径的税费负担，学界普遍认为约为30%。由此，企业普遍有意见，政府普遍不满意，而实际情况到底是什么样的呢？在政府或相关机构没有公布权威数据的情况下，理论研究总是像盲人摸象，不能掌握全貌。

为了准确把握企业的微观税费负担，我们设计了相应的调查问卷，调查企业的税费负担。问卷的设计包括五个部分，一是企业的基本情况，如企业类型、行业、所有制、规模、地区、是否属于高新技术企业等；二是企业的税收负担情况，调查企业缴纳的税种及其金额；三是企业的政府收费项目，主要涉及行政事业性收费、专项收费、罚没收入；四是政府性基金，主要涉及政府向企业组织的各种基金性收费；五是社会保障费用项目，涉及现行的主要社保项目缴费。由于缺乏国家权威数据，我们的调查无法得到微观企业税费负担最为真实的画面，但这样的调查依然能够为我们分析企业税费负担情况提供一面镜子。

二 企业税费负担调查的基本情况

企业税费负担调查在设计之初，调查团队本希望通过政府渠道、税务局及其他官方渠道展开本次调查，其原因在于通过官方渠道更容易获得较为真实的数据。但是，调查团队与国内各有关官方机构沟通联系后均未能获得有效回应，因此调查团队被迫采取民间渠道进行数据采集。当然，这样收集的数据在真实性和有效性方面会有所减弱，需要调查团队进行认真的甄别。

本次调查选择问卷星作为调查平台，采用网络匿名调查的方式，由被调查企业自行填写问卷。采用匿名填写问卷可以消除企业对于自身数据泄密的顾虑，从而能够积极填写相关问卷；但匿名填写无法对数据真实性进行严格把控，因而其数据的严谨性和有效性会有所降低，故后期对数据的处理和筛选过程会比较复杂，导致有效问卷数量大大减少。

本次问卷调查面向全国不同行业、不同类型的企业，运用问卷星在线上填写，对所有参与调查的企业实行匿名制，共填写问卷212份，其中有效问卷53份。就全部问卷来看，被调查企业主要集中在西南片区，尤其以四川为主，其余被调查企业在辽宁、河北、湖南、湖北、江苏、广东等省份均有分布。就行业归属而言，第三产业有132家，占比约62.26%；第二产业有69家，占比约32.55%；第一产业有11家企业，占比约5.19%。就企业性质而言，问卷包括私营企业83家、国有企业54家、股份企业32家、港澳台投资企业5家、外商投资企业4家、股份合作企业1家、集体企业1家、其他企业32家。另外，来自高新技术开发区、经济技术开发区和其他经济园区的企业共有27家，占比约12.74%；增值税一般纳税人为167家，占比约78.77%；大中型企业85家，占比约40.09%。

由于数据的真实性和有效性存在一定的局限，调查团队根据一定的方法对数据进行了筛选。具体筛选处理方法如下：（1）对问卷填写的IP地址和时间进行检查筛选。问卷填写重复的IP地址或填写时间异常都会影响此次报告的数据质量，故对问卷的IP地址、时间作了综合分析，剔除IP地址重复及填写时间异常的问卷。（2）对企业利润为负的调查问卷进行剔除。企业利润为负，所缴纳的税额出现异常的可能性极大，故剔除此类调查问卷。(3) 对企业利润率异常的调查问卷进行剔除。企业利润率是通过税前利润与营业收入的比例来确定，对比同行业的企业利润率，对企业利润率过高或过低的调查问卷进行剔除。(4) 对总资产规模异常的调查问卷进行筛选。根据净资产规模与负债规模相加等于总资产规模的原则，对问卷的总资产规模进行逐份核算比对，将数额相差过大的调查问卷进行剔除。严格地讲，净资产规模与负债规模相加应等于总资产规模，考虑到企业填写问卷时可能取整等因素，故而没有严格要求该等式成立，但要求相差数额不大。(5) 对人员工资不合理的调查问卷进行剔除。考虑到调查问卷所对应地区的最低工资标准以及调查问卷中所填写的个人所得税数额，对不合理的数据进行剔除。比如，某企业的年人均工资不足1万元，显然不大合情理；而某企业的年人均工资为3万多元，但人均个人所得税却达数千元，也不符合常识。(6) 对员工数量及相关情况不合理的问卷进行剔除。比如，某企业员工数量仅为1人，但营业额高达千万元级；某企业员工数量有几十人，但营业额、净资产、纳税额等均为0。(7) 对各类税种缴税数额进行检查筛选。结合被调查企业所在行业，对调查问卷所缴纳的各项税额进行逐一估算，将数额差距过大的调查问卷进行剔除。为了保证数据的真实有效，调查团队牺牲了数据的规模；在对上述企业进行剔除后，有效问卷数量减少为53份。

就有效问卷而言，以西南片区参与调查的企业最多，尤以四川成都最为集中，这与研究团队所调动的相关企业资源有非常密切的关系；除成都以外，四川境内较为集中的地区还包括巴中、达州和广安；除四川之外，参与问卷调查的企业主要分布在广东、江苏、湖南、河北和辽宁等地。

有效问卷中，第三产业有32家，占比约60.38%；其中，批发和零售业10家，交通运输、仓储业和邮政业4家，居民服务和其他服务业4家，科学技术、技术服务和地质勘查业2家，金融、保险业2家，文化、体育、娱乐业2家，租赁和商务服务业1家，住宿、餐饮业1家，其他企业6家。第二产业有20家，占比约37.74%；其中，制造业11家，建筑业4家，电力、热力、燃气及水的生产和供应业4家，采矿业1家。第一产业有1家企业，占比为1.89%，属于农、林、牧、渔业。各行业均有分布，行业调查普及度较好。

就企业性质而言，53份有效问卷包括私营企业25家、国有企业11家、股份企业5家、集体企业1家、外商投资企业1家、其他企业10家；占比分别为47.17%、20.75%、9.43%、1.89%、1.89%和18.87%。另外，来自高新技术开发区、经济技术开发区和其他经济园区的企业共有6家，占比11.32%；增值税一般纳税人为44家，占比83.02%；大中型企业12家，占比22.64%。

三 企业税费负担调查结果

1. 税费负担总体情况

就我国的宏观税负而言，小口径负担率一直维持在18%左右，占GDP的比重近1/5，从世界各国来看其负担并不重。根据《中国统计年鉴》提供的数据，我国2007—2010年国内税收收入占同期GDP的比例基本维持在17%左右，而2011—2015年则维持在18%以上；随着减税降费政策的实施，2016年后宏观税负逐渐回落到18%以下，2020年该数据仅为15.19%。详见表3-18。

表 3-18　　　　　　2007—2020 年中国宏观税负水平

年份	税收收入（亿元）	GDP（亿元）	税负（%）
2007	45621.97	270092.3	16.89
2008	54223.79	319244.6	16.99
2009	59521.59	348517.7	17.08
2010	73210.79	412119.3	17.76
2011	89738.39	487940.2	18.39
2012	100614.28	538580.0	18.68
2013	110530.70	592963.2	18.64
2014	119175.31	643563.1	18.52
2015	124922.20	688858.2	18.13
2016	130360.73	746395.1	17.47
2017	144369.87	832035.9	17.35
2018	156402.86	919281.1	17.01
2019	158000.46	986515.2	16.02
2020	154312.29	1015986.2	15.19

资料来源：《中国统计年鉴》（2021）。

本书重点调查了企业缴纳的 6 个税种，其纳税额占纳税总额的近 93%。其中，增值税和企业所得税分别占 51.28% 和 23.95%，两者之和超过被调查企业税负的 3/4；另外，城建税占纳税总额的 8.14%，消费税占纳税总额的 8.08%，在纳税总额中占有一定的比例；而房产税占比 0.86%，城镇土地使用税占比 0.53%，占比较小。详见图 3-1。要特别注意的是，城建税作为一种附加税，按照条例的规定属于特定目的课税，现实中与其他税收收入统一纳入预算进行安排；而且附加税所占比重大大超过很多税种。但城镇土地使用税和房产税占比非常低，低于该税种在国家税收收入中的比重。

从企业对自身税收负担感和非税支出负担感的感知情况来看，企业的感受多为适中，并向两端递减。在税收负担感的调查中，感受集

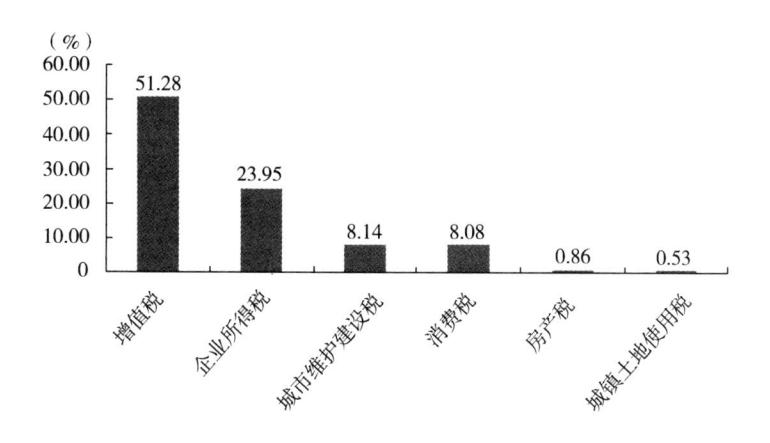

第三章　现代国家治理与地方税体系建设:现实格局　77

图 3-1　主要税种纳税额比例

中在适中、较重、很重三个选项。其中，选择较重的达 45.28%，占据被调查企业的近一半；选择适中的企业达 41.51%；选择很重的达 11.32%；而选择较轻的仅 1.89%，没有企业选择税负很轻的感受。在非税支出负担感的调查中，有 1.89% 的企业认为很重，有 9.43% 的企业认为较重，有 39.62% 的企业认为适中，有 30.19% 的企业认为较轻，有 18.87% 的企业认为很轻，这说明在被调查的企业中，相对于税收负担，非税支出负担带给企业的压力稍小一些，但负担感仍然是偏重的。详见图 3-2。事实上，这个调查结果有点意外。按照一般的认识及学界的研究成果，我国大口径负担为 35% 左右，如果狭义税收负担为 18% 左右的话，那么非税支出负担也要占到 17% 左右；而且税收征管的规范性比非税项目明显要高得多，故而非税项目带给企业的负担感应当更为强烈。这个令人意外的调查结果，在一定程度上反映了我国对非税项目管理的规范性不断提高。

2. 分行业的税费负担情况

（1）不同行业的税费负担率

根据表 3-19 可见，位居税负率前三的是电力、热力、燃气及

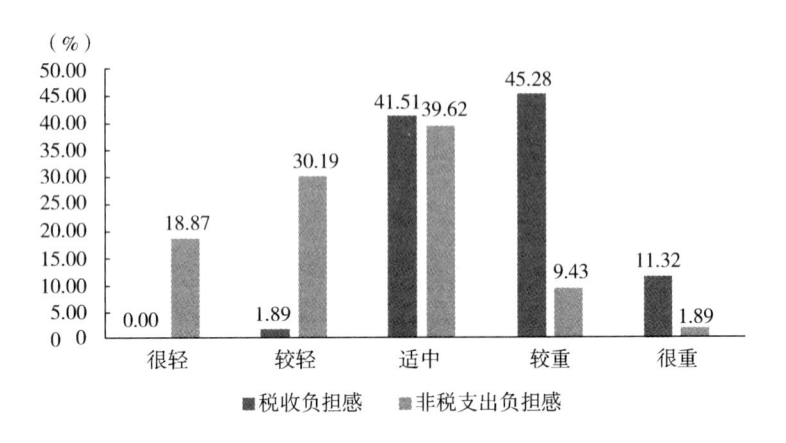

图 3-2 税收负担感和非税支出负担感

水的生产和供应业为12.48%，批发和零售业为9.49%，金融、保险业为8.21%。上述三个行业的税负率高，其核心原因在于其利润率高。对于电力、热力、燃气及水的生产和供应业而言，垄断性质比较严重而利润率高，且其进项税额相对较少，导致税负率居高不下。就批发和零售业而言，我国流通领域的利润率一直较高，导致大量资本进入流通领域而非制造业；我国的国有商业银行多年稳居世界最赚钱的公司前列，而其较高的利润率则是微观实体企业融资成本居高不下的重要原因，当然也致使其税负率较高。在税负率较低的行业中，农、林、牧、渔业的税负率为2.62%，其较低的税负率得益于获得了国家对该行业实施的多项税收优惠；而租赁和商务服务业的税负率仅为3.33%，在一定程度上出乎意料。

表 3-19　　　　各行业税收负担率与非税支出负担率

行业	数量（家）	税收负担率（%）	非税支出负担率（%）
农、林、牧、渔业	1	2.62	0.04
制造业	11	6.11	0.03

续表

行业	数量（家）	税收负担率（%）	非税支出负担率（%）
电力、热力、燃气及水的生产和供应业	4	12.48	0.48
建筑业	4	4.79	0.06
采矿业	1	7.31	0.00
租赁和商务服务业	1	3.33	0.00
批发和零售业	10	9.49	0.00
金融、保险业	2	8.21	0.18
交通运输、仓储业和邮政业	4	4.31	0.02
文化、体育、娱乐业	2	4.82	0.02
居民服务和其他服务业	4	6.50	0.00
住宿、餐饮业	1	5.34	0.19
科学技术、技术服务和地质勘查业	2	4.80	0.10
其他	6	2.56	0.04
平均值		5.91	0.08

注：表中部分数据显示为0，原因在于数据较小，四舍五入为0。下同。

从被调查企业的非税负担率来看，电力、热力、燃气及水的生产和供应业的非税支出负担较重，达到了0.48%，远高于平均非税支出负担率0.08%；住宿、餐饮业（0.19%）和金融、保险业（0.18%）的负担率也比较高。但这种负担率与我国整体的非税支出负担率有较大的差距。

（2）不同行业的税收负担感受

表3-20对问卷调查中的税费负担感受进行了描述性统计，将其分为5个等级，分数分别为1分到5分。在税收负担感受的选择中，选择"最轻"得1分，选择"最重"得5分，算出均值。从统计结果来看，税收负担感受总平均值为3.81，说明企业税收负担感较重；非税支出负担感受总平均值为2.27，说明企业非税支出负担感受适中。企业税收负担感受标准差和非税支出负担感受标准差

分别为 0.53 和 0.69，说明企业税收负担感受差异和非税支出负担感受差异都比较大。

表 3-20　各行业税收负担感和非税支出负担感描述性统计　　单位：分

行业	税收负担感	非税支出负担感
农、林、牧、渔业	4.00	1.00
制造业	3.55	2.55
电力、热力、燃气及水的生产和供应业	4.25	2.50
建筑业	3.75	3.00
租赁和商务服务业	3.00	1.00
批发和零售业	3.50	2.10
金融、保险业	4.00	2.50
交通运输、仓储业和邮政业	3.00	2.00
文化、体育、娱乐业	3.50	2.50
居民服务和其他服务业	3.75	3.25
住宿、餐饮业	4.00	3.00
科学技术、技术服务和地质勘查业	4.50	1.50
采矿业	5.00	2.00
其他	3.50	2.83
总平均值	3.81	2.27
标准差	0.53	0.69

由前文所述，电力、热力、燃气及水的生产和供应业的税收负担率为 12.48%，而该行业有 75% 的企业认为税收负担较重，25% 的企业认为很重。调查中，税收支出负担感受适中、较轻、很轻三个选项的企业只存在于两个行业，其中，租赁和商务服务业的税收负担率为 3.33%，而交通运输、仓储业和邮政业的税收负担率为 4.31%，都低于税收负担率的均值 5.91%。相似的是，采矿业的税收负担率为 7.31%，该行业所选择的税收负担感为很重。因此，税收负担率与企业的税负感受是基本一致的。当然，税收负担率与税

负感受也存在一定程度的分离,比如农、林、牧、渔业的税收负担率较轻,仅为2.62%,但其选择的税收负担感为较重;采矿业的税收负担率为7.31%,比电力、热力、燃气及水的生产和供应业的税收负担率低5个百分点,但选择的税收负担感为很重。在非税支出负担感的调查中,农、林、牧、渔业和采矿业的企业都选择了负担感较轻,而其税收负担感却选择的是较重和很重。总体而言,选择非税支出负担感受较重和很重的企业较少。

3. 分企业类型的税收负担情况

(1) 不同企业类型的税收负担率

根据表3-21,国有企业和其他企业的税收负担率远高于税收负担率的平均值(6.54%,非加权),分别为8.97%和9.13%。国有企业在社会主义现代化建设中一直发挥着主导或支柱作用,是国家财政收入的重要来源。当然,国家对国有企业也给予了相当多的优惠措施,在信贷资金及财物方面都优先得到保证。但考虑到国有企业的财务制度非常健全,企业对偷漏税的内在动机相对较弱,因而其税收负担率要高得多。相较而言,我国股份企业和私营企业的税收负担率低于平均值,分别为3.60%和3.91%。股份企业具有产权清晰的优点,经济活力较强,得到了较好的财税优惠待遇;而私营企业能够较好地解决初级劳动力的就业问题,政府也给予了大量优惠政策,因此二者的税收负担率均处于较低的水平上。另外,外商投资企业和集体企业的税收负担率分别达到了6.86%和6.74%。就非税支出负担率而言,被调查企业的非税负担率均处于较低的水平。

表3-21　　　　不同企业类型的税收与非税支出负担率

企业类型	数量(家)	税收负担率(%)	非税支出负担率(%)
股份企业	5	3.60	0.03

续表

企业类型	数量（家）	税收负担率（%）	非税支出负担率（%）
国有企业	11	8.97	0.07
集体企业	1	6.74	0.00
其他企业	10	9.13	0.07
私营企业	25	3.91	0.02
外商投资企业	1	6.86	0.17
平均值（非加权）		6.54	0.06

（2）不同企业类型的税费负担感受

表3-22对调查问卷中的税费负担感进行了描述性统计，采用与表3-20相同的方法，将负担感受分为5个等级，分数分别为1分到5分。统计结果表明，企业税收负担感总平均值为3.50，说明企业税收负担偏重。其中，国有企业的税收负担感受最重（4.09），似与普遍的认识不同；一般认为，国有企业对于国家税收制度的认同度和遵从度较高，税收负担感相对较低。私营企业的税收负担感为3.48，低于平均值，也与普遍的认识不大一致；一般认为，私营企业对于国家税收制度的认同度和遵从度都比较低，因而税收负担感较重。股份企业的税收负担感仅为2.80，是负担感最低的企业类型。

非税支出负担感的总平均值为2.59，说明非税支出负担感适中。其中，非税支出负担感最重的是集体企业和外商投资企业，均为3.00；国有企业的非税支出负担感最轻，仅为2.09，这与普通认识是基本吻合的。

表3-22 不同类型企业税收负担感和非税支出负担感描述性统计

单位：分

企业类型	税收负担感	非税负支出担感
股份企业	2.80	2.60

续表

企业类型	税收负担感	非税负支出担感
国有企业	4.09	2.09
集体企业	3.00	3.00
其他企业	3.60	2.30
私营企业	3.48	2.56
外商投资企业	4.00	3.00
总平均数	3.50	2.59
标准差	0.47	0.33

四 企业税费负担调查结论

1. 企业税收负担感较重

调查发现，无论是从总体税收负担率还是分行业税收负担率，抑或是分企业类型的税收负担率来看，各被调查企业的税收负担支出都不是很重。近年来，我国不断深入推进减税降费政策，努力降低企业税收负担率，税收负担率基本维持在17%左右，在世界各主要经济体中处于相对较低的水平上。尽管我国的税收负担率不高，但企业对税收负担的感受仍比较重。其中可能的原因包括：第一，企业将税收负担与非税支出负担混淆起来，将非税支出方面的负担误认为是税收负担；对于普通公众而言，对税收负担的认识不全面，人云亦云，误导了税收负担感受。第二，我国税收制度设计不够合理，部分行业的税收负担的确存在偏高的现象。

2. 企业非税支出负担感适中

调查发现，企业的非税支出负担比例并不高，且对非税支出负担的感受也不重。近年来，我国对非税项目进行了较为彻底的清理，已经大幅度降低了非税支出负担的项目数量与筹资规模，从而将低了企业的非税支出负担,也在一定程度上降低了企业的非税支出负担感受。但从近年国内相关渠道披露的信息来看,我国非税支出负担的规模还是比较大的,特别是社会保障基金及相关政府性基金的负担仍然值得警惕。

第四章　现代国家治理与地方税体系建设：影响机制

第一节　地方税收入对教育支出的影响

一　理论分析

建立地方税体系的初始目标在于为地方政府提供财力保障，提高地方政府的财政自主能力。财政自主能力的提升有助于强化地方政府对居民公共服务和需求的回应性，有助于提升地方政府的治理能力。换句话说，地方政府在具有较强财政自主权的情况下，将有能力为辖区居民提供更为有效的公共服务，以及更为丰富的公共产品，其行动效率将会更高。一般认为，地方政府的财力来源不同，其发挥的作用会有所差异。地方政府使用自有财力时将需要更多考虑辖区居民的公共服务需求，即根据辖区居民的要求来提供相应的公共服务，比如教育服务。其原因在于，财政资金来源于辖区居民，当地居民的监督积极性相对较高。随着互联网的迅速普及，民众对于财政收支及政府活动的了解更为便捷。在民主化日渐深入人心的背景下，各辖区居民对政府活动的监督意识不断加强。特别是地方税收入来源于辖区经济活动，因而更要求辖区政府满足当地居民对于公共服务的需求。倘若地方政府未能满足辖区居民的公共服务需求，可能的后果有两个：一是在辖区政府会因居民的支持度不够而在选举中被改组或选下台，二是辖区政府会因居民或企业的"用脚投票"而失去充分的税收收入来源。

相反，中央及上级政府的转移支付资金一般对投放领域有较为严格的要求，而无法投入地方政府比较青睐的领域。同时，地方政府必须回应上级政府的诉求，从而在面向普通民众的诉求时可能回应性不足。当然，在我国自上而下的政府治理结构中，也可能上级政府更关心民生事项，反而是地方政府更注重经济增长实绩。另外，地方政府在使用上级转移支付资金时，可能存在一定的机会主义行为，即对转移支付资金的使用效率和效果关心不够。按照我国现行转移支付制度框架，一般性转移支付资金经上级政府拨付给地方政府，不限定其具体用途；专项转移支付资金则根据上级政府的特定目标而设定，故而大多限定了具体用途和目标。但对于地方政府而言，专项转移支付服务的目标可能与地方政府的想法相悖，从而导致地方政府对其关注度不够。即使是一般性转移支付，地方政府尽管可以按照自有财力进行不受限制的使用，但其资金规模的确定性仍受制于上级政府，且可能因复杂的拨付程序而耗费地方政府的时间，故而在使用效率上不尽如人意。

总的来说，地方政府更为青睐自有财力，而这些资金对于回应辖区民众的诉求时将高于其他资金来源，更能提升地方政府的治理能力。换句话说，地方税收入将更有助于地方政府实现其施政目标，特别是有助于其面向辖区居民提供优质的民生服务。教育是普通民众最为关心的民生服务之一，地方税收入对教育支出有什么影响呢？为了回答这个问题，我们设计了相关模型，探讨在现行制度框架下地方税收入对地方教育支出的影响。

二 模型设计与变量选择

1. 模型设计

为了探讨地方税收入对地方教育支出的影响,根据相关经济理论并参考国内外相关文献,设计如下计量模型:

$$\ln Y_{i,t} = a + \sum \beta_i \ln U_{i,t} + \sum \gamma_i \ln V_{i,t} + \zeta \quad (4-1)$$

式中:Y 为被解释变量,即地方教育支出;U 为解释变量,主要表现为政府的不同收入来源;V 为控制变量,反映对被解释变量产生影响的其他主要因素。

考虑到 2007 年我国对政府收支科目进行改革,导致 2006 年之前的数据与 2007 年之后的数据不具有可比性,因此我们选择 2007—2020 年省级面板数据,实证分析地方政府的不同收入来源对教育支出的影响。我们借鉴 Arnold(2008)的研究方法,在估计方程的收入变量参数中,一次忽略一种或多种收入变量,从而估计剩余变量对相关支出的影响效果。

2. 变量选择

(1) 被解释变量

关于被解释变量,我们讨论的重点是教育支出,但关于教育支出的指标很多,比如国家教育支出、财政教育支出、人均教育支出等绝对额指标,又如教育支出占比等相对额指标。到底应该选择哪一种指标更为合适呢?考虑到绝对额支出指标受到多种因素的影响,在计量经济分析中容易受到干扰,因此采用相对额指标更具合理性。鉴于我们考虑的是地方税收入对政府教育支出的影响,而地方税收入属于一般公共预算收入的内容，从对应的角度来看，本书选择财政教育支出占一般公共预算支出的比重来加以分析。

（2）解释变量

关于解释变量，本书选择不同的收入来源，即选取地方税收入、非税收入、中央补助收入来探讨不同收入来源的影响。为了与被解释变量相一致，本书选择收入来源的相对值作为研究对象。但要注意到，收入来源的相对值指标依然很多。比如，不同收入来源在地方财政总收入中的比重、不同收入来源在一般公共预算收入中的比重、不同收入来源在 GDP 中的比重、不同收入来源的增长速度等。根据对主要指标的评判，本书选取各收入来源占一般公共预算收入的比重进行分析。

通常，《中国统计年鉴》提供了各地一般公共预算收入的数据，但不包括中央补助收入；我们试图分析地方税收入、非税收入与中央补助收入等不同的收入来源对教育支出的影响，故而不能用《中国统计年鉴》提供的一般公共预算收入。与《中国统计年鉴》不同的是，《中国财政年鉴》提供的一般公共预算收入可分为线上收入和线下收入两个部分，其中线上收入即《中国统计年鉴》的一般公共预算收入，而线下收入部分则包括中央补助收入、地方政府一般债务收入、国债转贷收入、上年结余、调入资金、接受其他地区援助收入等。考虑到本书的研究目的，我们采用《中国财政年鉴》提供的地方一般公共预算收入数据进行分析。

（3）控制变量

对于影响教育支出的控制变量，我们主要考虑了经济因素、政府因素、教育规模需求因素等。

经济因素。影响教育投入的地区经济因素包括经济发展水平和城镇化水平等指标。经济发展水平是决定教育发展的重要因素。经济发展水平越高的地区，地方政府的财政收入水平就越高，而政府的财政收入水平直接决定了财政的支出能力，对教育拨款具有十分重要的影响力。陈志勇和张超（2012）指出，地方教育支出会随着经济发展水平的提高而增长，但当经济发展达到一定程度时，教育支出又会呈现下降的趋势；郑磊（2014）也验证了这样一种非线性关系。经济发展水平指标既有直接性的GDP总额和人均GDP指标，又有间接性的经济增长率指标。本书选择人均GDP作为经济发展水平的代理变量，并在模型中加入人均GDP的二次项来分析经济发展水平对教育支出的非线性影响。

随着经济的不断发展，我国城镇化建设不断推进，城镇人口的增长推升了较高的教育支出，特别是城镇生均教育支出通常会高于农村生均教育支出，城镇化水平的提升必然会增加地方教育支出。但也要看到，城镇化水平提升后，政府和居民对城镇基础设施的需求大大上升，从而可能挤占财政教育支出。本书选择"城镇人口比重"或"城镇化率"作为城镇化水平的代理变量。

政府因素。政府作为财政支出的主体，是影响教育投入的重要因素，本书选择政府规模、政府竞争度两大指标来研究政府因素对教育投入的具体影响。政府规模是影响教育投入的重要因素，政府规模越大，需要支出的方面越多，政府可能不会将教育等产出周期较长的领域作为优先支出项目，从而限制教育支出增长。衡量政府规模的指标有很多，比如政府雇员的数量及占辖区人口的比例，政府机构的数量，财政支出的规模及占当地GDP的比例。本书选择"财政支出占当地GDP的比重"作为政府规模的代理变量。

政府竞争的加剧可能会影响教育投入，主要有两条路径：一方面，政府间竞争的加剧可能导致地方政府将其财政资金投入能够尽快产生经济效益的项目上，从而降低对教育的投入；另一方面，政府间竞争的加剧致使地方政府认识到,人力资本是社会经济发展的根本性因素,故而增加教育投入,从而提升其教育支出占比。衡量政府竞争度的指标也不少,学界常用"FDI占GDP的比重""进出口贸易占GDP的比重"等指标,本书选择"进出口贸易占GDP的比重"作为政府竞争度的代理变量。

教育规模需求因素。教育需求是影响教育支出的重要因素,我们主要考虑学生密度和文盲率两个指标。其中,学生密度即学生人数占当地人口比重。一般而言,学生密度越大,教育规模需求越大,需求的教育支出越高;但学生密度的上升也可能带来规模效益,即学生密度上升反而教育支出下降。

文盲率从侧面反映了居民对教育服务的需求,用"15岁及15岁以上文盲率"来衡量。文盲的存在对教育支出存在相反的影响。一般而言,父母受教育程度越高,对子女的教育重视程度越高;相反,如果父母受教育程度较低,则可能忽视教育对子女成长的重要性,而更愿意让孩子较早地进入劳动力市场,而不是鼓励孩子努力学习。由此可见,较高的文盲率可能会降低对下一代孩子的教育需求,因而文盲率上升可能导致教育支出下降;相反,文盲率下降则会推动教育支出上升。相关变量详见表4-1。

表4-1　　　　　　　　　　变量表

	指　标	英文名称	指标定义
被解释变量	财政教育支出	EDU	财政教育支出占一般公共预算支出的比重
解释变量	地方税收入占比	TR	地方税收入占一般公共预算收入的比重
	非税收入占比	NTR	非税收入占一般公共预算收入的比重
	中央补助收入占比	CSI	中央补助收入占一般公共预算收入的比重
	其他收入占比	OTHER	其他收入占一般公共预算收入的比重

续表

	指　标	英文名称	指标定义
控制变量	经济发展水平	PGDP	人均 GDP
	经济发展水平二次项	PGDP²	人均 GDP 的平方
控制变量	城镇化水平	URB	城镇人口比重
	政府竞争度	GCOMP	进出口贸易占 GDP 的比重
	政府规模	GS	财政支出占当地 GDP 的比重
	学生密度	DOS	学生人数占当地人口的比重
	文盲率	NOI	15 岁及 15 岁以上文盲率

3. 数据来源与描述性统计

本部分的数据主要来源于《中国统计年鉴》《中国财政年鉴》《中国教育年鉴》及各省级统计年鉴。其中，主要数据来源于《中国统计年鉴》，财政税收数据则来源于《中国财政年鉴》，学生人数与文盲率等来源于《中国教育统计年鉴》，其他部分控制变量则来源于各省级统计年鉴。表4-2反映了上述变量的描述性统计结果。

其中，各省财政教育支出占比的平均值为16.31%，最大值为山东2012年的22.22%，最小值为青海2013年的9.89%，总体来看呈逐年上升趋势，且经济发达地区的占比相对较高。

地方税收入占一般公共预算收入的比重均值为31.29%，最大值是北京2008年的79.97%，最小值是西藏2009年的3.11%，地方税收入占比在各省区之间的差异特别大。其中，北京由于具有总部优势和首都地理条件，税收收入规模大，税占比高，且获得的中央补助少；而西藏地区的社会经济条件相对较差，地方税收入少且中央补助多，税占比较低。

非税收入占比的均值为9.63%，最大值是天津2014年的28.42%，最小值是西藏2011年的0.98%。统计结果表明，西藏的非税收入占比一直都比较低，而天津的非税收入占比大部分年份比较高。一般认为，经济发达地区对非税收入的依赖性较低，而经济落后地区的税占比会较高。数据表明，这种认识并非事实。发达地区的经济发展水平高，有较多的非税收入来源，而落后地区的非税收入来源较少；但就其比重而言，则与当地的经济发展水平关联度不大，更多地取决于当地的收入来源结构。比如，在四个直辖市中，北京和上海的比重偏低，低于全国平均水平；而重庆和天津的比重偏高，且高于全国平均水平很多。

中央补助收入占比的均值为40.41%，表明地方对中央转移支付的依赖程度非常高。最大值是西藏2015年的82.95%，最小值是北京2015年的7.24%。通常而言，经济发达地区获得的中央补助收入较少，占比较低，更多的是向中央政府贡献共享税收入；经济落后地区获得的中央补助收入较多，这在青海、贵州等地区尤为明显。

其他收入占比的均值为18.68%，最大值为42.15%，而最小值仅为3.1%。其他收入的内容比较多，主要有政府债务（包括早期的国债转贷收入和后期的地方自发债收入），而上年结余、调入资金和外地援助收入具有太大的不稳定性，从而导致该收入占比不高。

人均GDP的均值为47608.35元，最大值为北京2020年的164889元，最小值为贵州2007年的6915元。城镇化率的均值为54.96%，最大值为上海2013年的89.60%，最小值为西藏2007年的21.50%。政府规模的均值为26.71%，最大值为西藏2016年的137.92%，最小值为山东2008年的8.70%；大致来说，经济发达地区的政府规模相对较小，属于小政府的范围，而经济落后地区的政府规模较大，所耗用的资源占GDP的比重较高。

进出口贸易占GDP的比重均值为28.03%，最大值为北京2008年的177.05%，其次为上海2007年的169.51%，最小值为青海2020

年的 0.77%。学生密度（每十万人的学生占比）的均值为 11.85%，最大值是河南 2020 年的 16.36%，最小值是黑龙江 2018 年的 8.32%；文盲率的均值是 6.48%，最大值是西藏 2013 年的 41.18%，最小值是北京 2020 年的 0.89%。①

表 4-2　　　　　　　　描述性统计

变量	均值	最大值	最小值	标准差
EDU（%）	16.31	22.22	9.89	2.63
TR（%）	31.29	79.97	3.11	15.77
NTR（%）	9.63	28.42	0.98	3.91
CSI（%）	40.41	82.95	7.24	17.21
OTHER（%）	18.68	42.15	3.1	7.95
PGDP（元）	47608.35	164889	6915	27665.63
URB（%）	54.96	89.60	21.50	14.10
GS（%）	26.71	137.92	8.70	19.90
GCOMP（%）	28.03	177.05	0.77	33.29
DOS（%）	11.85	16.36	8.32	1.69
NOI（%）	6.48	41.18	0.89	6.27

三　实证结果及分析

1. 控制变量对财政教育支出的影响

从控制变量来看，人均 GDP 对财政教育支出的影响均为正，且在 1% 的水平上显著，表明经济发展水平对财政教育支出具有正

---

① 到 2010 年，全国实现高质量地全面基本普及九年义务教育，普及九年义务教育人口覆盖率达到 98% 以上，扫除 15 岁至 24 岁文盲，全国青壮年文盲率降到 2% 以下，成人文盲率降到 5% 以下。因此，2010 年我国各省区市的文盲率都有很大程度的下降。参见 http：//www.edu.cn/zong_he_news_465/20120911/t20120911_841283.shtml。

向影响。这既表明经济发展水平的提高能够为教育事业提供更多的财政资源，也表明经济发展水平的提高可能对教育事业的发展提出了更高的要求。人均 GDP 的平方项对财政教育支出的影响为负，且在 1% 的水平上显著，印证了经济发展水平对财政教育支出具有非线性影响，与主流的研究结论基本一致。

城镇化率对财政教育支出的影响为负，且在 1% 的水平上显著，说明城镇化水平的提高不利于财政教育支出的提高。一个可能的原因在于城镇化实现了公共服务的集中供给，从而提高了财政教育支出效率，即可以用较少的财政资金实现相同教育服务的供给。另一个可能的原因在于，我国近年来快速提升的城镇化对于城镇基础设施及相关公共服务具有较大的资金需求，从而挤占了有限的财政教育支出资金。

政府规模对财政教育支出的影响为负，且在 1% 的水平上显著，说明政府规模扩大将挤占本就不够丰裕的财政教育支出。尽管教育事业的发展也在一定程度上会扩大政府规模，但其他行政事业活动的扩张明显超过了教育事业的发展。

以进出口贸易占比代表的政府竞争度指标对财政教育支出的影响均为正，且模型（2）、模型（3）、模型（4）的系数均在 1% 的水平上显著，模型（5）的系数在 10% 水平上显著，表明政府竞争提高了财政教育支出比重。事实上，随着经济外向性程度的不断提高，整个社会对教育的重视程度愈加上升。这既表现为民众更为迫切要求对国外社会经济加深了解，也表现为政府希望培养更多熟悉国外社会经济情况的人才。因此，随着进出口贸易规模的扩大，地方政府间对 FDI 及相关人才的竞争上升，从而推高了财政教育支出。

学生密度对财政教育支出具有正向影响，且在 1% 的水平上显著。学生密度的上升至少从两个方面要求增加财政教育支出：第一,学生密度上升带来学生相对规模上升,引致教育需求上升;第二,学生密度上升导致同一地域范围内学校数量不断上升,管理成本得以相应提高。

文盲率对财政教育支出的影响时正时负,且均不具有统计学上的显著性。其可能的原因在于自20世纪末期推行九年义务教育以来,我国已经基本消除青壮年文盲,大大降低了文盲率,故而对财政教育支出的影响不明显。但也要注意到,在社会经济相对落后的贫困地区及少数民族地区,仍然存在一定数量的文盲,其对区域性财政教育支出有一定影响。详见表4-3。

表4-3　　　　　　　　　　数据回归结果

变量	(1) EDU	(2) EDU	(3) EDU	(4) EDU	(5) EDU
TR	0.072***				0.047***
	(5.89)				(3.33)
NTR		0.069**			0.033
		(2.35)			(1.05)
CSI			-0.071***		-0.047***
			(-5.71)		(-3.29)
OTHER				-0.005	
				(-0.36)	
PGDP	0.000***	0.000***	0.000***	0.000***	0.000***
	(6.79)	(7.22)	(4.17)	(7.22)	(4.27)
$PGDP^2$	-0.000***	-0.000***	-0.000**	-0.000***	-0.000***
	(-4.19)	(-4.27)	(-2.40)	(-4.25)	(-2.71)
URB	-0.219***	-0.237***	-0.236***	-0.235***	-0.225***
	(-12.21)	(-13.53)	(-12.67)	(-12.95)	(-12.19)
GS	-0.078***	-0.097***	-0.073***	-0.104***	-0.063***
	(-10.93)	(-14.14)	(-8.75)	(-18.02)	(-7.24)

续表

变量	(1) EDU	(2) EDU	(3) EDU	(4) EDU	(5) EDU
GCOMP	0.009	0.039***	0.023***	0.036***	0.011*
	(1.61)	(10.51)	(5.22)	(8.17)	(1.84)
DOS	0.492***	0.446***	0.426***	0.460***	0.454***
	(10.74)	(9.51)	(9.61)	(10.02)	(10.26)
NOI	-0.001	0.017	-0.010	0.021	-0.016
	(-0.05)	(0.82)	(-0.43)	(0.99)	(-0.69)
Constant	18.733***	20.951***	26.006***	21.490***	22.413***
	(16.41)	(18.96)	(21.25)	(20.33)	(13.71)
Observations	434	434	434	434	434
R^2	0.647	0.634	0.652	0.627	0.660

注：***表明 p 小于1%；**表明 p 处于1%—5%；*表明 p 处于5%—10%。

2. 财政收入来源对财政教育支出的影响

表4-3的结果显示，模型（1）中地方税收入对财政教育支出具有正向影响，系数为0.072，且在1%的水平上显著；模型（2）中非税收入对财政教育支出的影响系数为0.069，且在5%的统计水平上显著；模型（5）中地方税收入和非税收入的系数也为正。实证结果表明，地方税收入和非税收入在回应普通民众的教育需求方面具有较好的效果，且地方税收入的系数大于非税收入的系数，这在一定程度上证实了地方税收入和非税收入对地方政府回应民众需求的重要性。

模型（3）中，中央补助收入对财政教育支出具有负向影响，系数为-0.071，且在1%的统计水平上显著；模型（5）的结果佐证了上述结果。中央补助收入主要包括税收返还、一般性转移支付和专项转移支付。财政部数据显示，2020年中央对地方税收返还总额约为1.1万亿元，一般性转移支付、专项转移支付及特殊转移支付①约为7.2万亿元，两者占比分别为13.5%及86.5%，具有"平衡区域发展"作用的转移支付占比突出。通常而言，税收返还与一般性转移支付不具体规定相关用途，可以由地方政府自由安排。但我国的一般性转移支付确定有诸多项目，比如民族地区转移支付、工资性转移支付、农村税费改革转移支付等，因而一般性转移支付资金在实际使用上具有一定的指向性。与之相对应的是，专项转移支付具有特定的用途，地方政府使用该资金的自由度相对较小。实际上，我国在一般性转移支付还是专项转移支付方面均设有对教育的转移支付，但由于规模相对较小，故而难以改变整个中央补助收入对财政教育支出的影响方向。

模型（4）中，其他收入对财政教育支出的影响为负，且不显著。其他收入来源主要是地方政府债务、上年结余、调入资金和外地援助资金，其规模相对较小，且稳定性较差，故而对财政教育支出的影响不显著。

总体来看，伴随着我国经济发展水平的提高，财政收入规模不断扩大，由此带来地方财政教育支出水平的上升。其中，地方税收入规模的扩大对财政教育支出具有较强的回应性，而具有相对稳定性的非税收入对财政教育支出的影响也为正。由于中央政府补助收入的稳定性较弱，对于地方政府而言具有较强的不可控性；特别是教育类转移支付规模不足，故中央补助收入对地方财政教育支出的影响尚未呈现出积极意义，需要进一步完善和优化中央对地方的教育转移支付。

---

① 2020年，中央政府为了抗击新冠疫情，利用特别国债对地方政府设立了特殊性转移支付；2021年，我国未发行此类特别国债，故没有特殊性转移支付。

第二节　地方税收入对社保支出的影响

一　理论分析

社会保障是政府依照一定的法律规定,对全体社会成员的基本权利和基本福利提供保证的一系列物质帮助和社会服务,是一种非市场化的再分配方式和社会机制。作为一种社会风险防范机制,社会保障对国民经济的稳定运行具有非常重要的意义。

我国的社会保障制度主要涉及社会保险(含养老保险、医疗保险、失业保险及工伤保险等)、社会救济、社会福利及社会优抚等内容。其中,社会救济、社会福利与社会优抚主要由国家财政预算拨款解决,社会保险部分则依靠由财政预算拨款、企事业单位缴款及城乡居民与城镇职工缴款筹集的资金来解决。在政府收支科目上,财政预算拨款主要体现为社会保障与就业资金,主要用于人力资源和社会保障事务、民政管理事务、就业补助、抚恤、社会福利、残疾人事业、最低生活保障、临时救助、特困人员救助供养,等等。

总体上,社会保障属于民生性事务,与教育和医疗一起构成民生三大项目。地方政府非常重视对教育的支出,同时也高度重视社会保障。政府对社会保障事务的回应程度也在一定程度上反映了政府履行自身责任的力度和程度。对于普通民众而言,可靠的社会保障有助于安居乐业,并能够促进社会和谐与平安。特别是在现代经济发展过程中,养老、医疗和失业保障是绕不过去的"坎"。各国普遍对社会保障高度重视,而社会保障项目及其费率的变更常常会引起普通民众的极大关注。

表4-4反映了我国地方社会保障和就业支出的情况。2007年，地方社会保障和就业支出为5104.53亿元，占比为13.31%，随后，地方社会保障支出规模不断扩大，但占地方一般公共预算支出的比重呈下降趋势，2012年仅为11.20%；自2013年起，该比重呈逐年上升趋势，到2021年达到了15.62%的峰值，这也在一定程度上说明了各级地方政府对社会保障和就业事业的重视。

表4-4　　　　　　地方社会保障和就业支出及其占比

年份	地方一般公共预算支出（亿元）	社会保障和就业支出（亿元）	社会保障支出占比（%）
2007	38339.29	5104.53	13.31
2008	49248.49	6460.01	13.12
2009	61044.14	7152.31	11.72
2010	73884.43	8680.32	11.75
2011	92733.68	10606.92	11.44
2012	107188.34	11999.85	11.20
2013	119740.34	13849.72	11.57
2014	129215.49	15268.94	11.82
2015	150335.62	18295.62	12.17
2016	160351.36	20700.87	12.91
2017	173228.34	23610.57	13.63
2018	188196.32	25827.54	13.72
2019	203743.22	28147.55	13.82
2020	210583.46	31448.53	14.93
2021	210623.04	32900.97	15.62

资料来源：《中国统计年鉴》（2008—2022）。

如果说地方税收入的占比上升能够提高地方政府对教育的投入，那么地方税收入占比的上升能否提高地方政府对社会保障的投入呢？进一步讲，地方政府的社会保障支出到底受到哪些因素的影响呢？

二 模型设计与变量选择

1. 模型设计

为了探讨地方税收入对社会保障支出的影响,我们根据相关经济理论及国内外相关文献,设计了与第一节相似的计量模型:

$$\ln Y_{i,t} = a + \sum \beta_i \ln U_{i,t} + \sum \gamma_i \ln V_{i,t} + \zeta \quad (4-2)$$

式中:Y 为被解释变量,即政府社会保障支出;U 为解释变量,主要表现为政府的不同收入来源;V 为控制变量,反映对被解释变量产生影响的其他主要因素。

2. 变量选择

(1) 被解释变量与解释变量

关于社会保障支出变量的选择,庞凤喜和潘孝珍(2012)选择人均社会保障支出作为代理变量。具体来说,他们选择了人均社会保障和就业支出、人均医疗卫生支出、人均总社会保障支出三个变量,其中人均社会保障支出等于人均社会保障和就业支出加上人均医疗卫生支出。换句话说,庞凤喜等的研究扩大了社会保障总支出的范畴,不仅考虑了社会保障和就业支出,而且考虑了医疗卫生支出。王珺红和张磊(2013)也选择了人均社会保障支出作为代理变量,用地区财政性社会保障支出总额除以该地总人数来反映。程兰芳和邓蔚(2022)选择财政社会保障支出比重和社会保障总支出占GDP 的比重作为代理变量。其中,前者是指一般公共预算中用于社会保障和就业支出的部分,衡量地方政府一般公共预算收入对社会保障的供给程度;后者包括一般公共预算拨款、企事业单位与城乡居民和城镇职工的缴款,反映各省(区、市)经济资源对社会保障的投入程度。王云多（2022）将公共服务支出、社会保障与就业支出之和作为代理变量。相较于其他文献，王云多不仅较大程度地扩大了社会支出的范围，而且选用了绝对量进行研究。

实际上，无论是采用社会保障支出总量还是人均社会保障支出进行研究，都可能因各地的社会经济差异而放大研究的误差；同时，公共服务支出与医疗卫生支出有各自指向的目标，与社会保障支出的目标是不同的。另外，本书研究的是政府支出行为，将企事业单位、城乡居民和城镇职工的社会保障缴款一并纳入也是不合适的。因此，本书选择将社会保障支出占一般公共预算支出的比重作为代理变量；具体而言，社会保障支出是政府一般公共预算中的社会保障和就业支出。

按照相似的分析框架，我们选择地方税收入、非税收入、中央补助收入和其他收入占地方一般公共预算收入的比重作为解释变量。一般公共预算收入的数据来源于《中国财政年鉴》的线上收入和线下收入之和。

（2）控制变量

对于影响社会保障支出的控制变量，主要考虑经济因素、政府竞争因素、社会保障需求因素等方面。

经济因素。影响社会保障支出的经济因素主要有经济发展水平、城镇化水平等。财政支出增长理论之经济发展阶段论认为，不同经济发展阶段的财政支出重点不同。该理论认为，在经济发展初期阶段，政府主要关注经济建设性支出，特别是投资性支出占比较高；在经济发展中期阶段，政府需要不断加大社会保障支出，来缓解贫富差距等社会矛盾；而随着社会经济的进一步发展，政府财政支出将着力于解决社会发展的各种瓶颈，如交通等基础设施。经济发展进入中期和成熟期后，财政支出的目标转向教育、卫生、福利等方面，对社会保障和收入再分配的转移性支出大大增加。由此可见，经济发展水平是影响社会保障的重要因素。另外，库兹涅兹倒"U"形曲线理论认为，居民的收入分配状况与经济发展水平呈倒"U"形关系，而社会保障支出与收入分配状况呈正相关关系，因此经济发展水平与社会保障支出之间也可能存在倒"U"形的关系。为此，本书将代表经济发展水平的人均GDP及其平方项作为控制变量。

同时，城镇化水平是影响社会保障支出的重要经济因素。长期以来，我国实行城市偏向的财政支出制度，将大量社会经济资源投向城市，由此导致农村地区相对落后。现实地看，我国农村在较长的一段时间内并没有建立有效的社会保障制度。改革开放以后，我国相继建立城镇职工养老保险和医疗保险制度，直到21世纪初期我国才相继建立新型农村合作医疗保险制度和农村养老保险制度，并与后来建立的城镇居民医疗保险和养老保险制度进行合并，建立城乡居民医疗保险制度和城乡居民养老保险制度。但总体来看，城乡居民医疗保险和养老保险的保险范围和力度是比不上城镇职工医疗保险和养老保险制度的。进一步讲，我国的就业培训与补助也主要是针对城市就业人群的。由此可见，城镇化水平对社会保障支出有正向的影响。本书选择"城镇人口比重"作为城镇化水平的代理变量。

政府竞争因素。一般而言，政府间竞争的主要目的在于经济增长，对民生性项目的关注度相对较低。傅勇和张晏（2007）认为，中国的财政分权以及基于政绩考核下的政府竞争，造就了地方政府公共支出结构"重基本建设、轻人力资本投资和公共服务"的明显扭曲。因此，政府间竞争可能导致地方政府将较少的资金投入到社会保障事业上去。按照前文的研究路径，本书选择"进出口贸易占GDP的比重"作为政府竞争度的代理变量。

社会保障需求因素。影响社会保障支出的需求因素主要有城镇失业率和老年抚养比等。一般而言，城镇失业率反映了一个阶段的社会经济景气和就业压力，失业率越高，就业压力越大，需要支付失业保险资金的需求越大，需要给予的就业培训和就业补助越多。老年抚养比反映了就业人口需要抚养老年人口的比例。随着我国进入重度老龄化社会，老年抚养比将进一步上升，带来的社会保障支出压力不断攀升。其中，本书选择"城镇失业人口占城镇劳动力的比重"和"65岁以上人口与15岁到65岁人口之比"作为城镇失业率和老年抚养比的代理变量。相关变量详见表4-5。

表4-5　　　　　　　　　　变量表

	指标	英文名称	指标含义
被解释变量	财政社保支出	SSE	财政社保支出占一般预算支出的比重
解释变量	地方税收入占比	TR	地方税收入占一般公共预算收入的比重
	非税收入占比	NTR	非税收入占一般公共预算收入的比重
	中央补助收入占比	CSI	中央补助收入占一般公共预算收入的比重
	其他收入占比	OTHER	其他收入占一般公共预算收入的比重
控制变量	经济发展水平	PGDP	各省人均GDP
	经济发展水平二次项	PGDP^2	各省人均GDP的平方
	城镇化水平	URB	城镇人口比重
	政府竞争度	GCOMP	进出口贸易占GDP的比重
	城镇失业率	UNEMPLO	城镇失业人口占城镇劳动力的比重
	老年抚养比	DEPEN	65岁以上人口与15岁到65岁人口之比

3. 数据来源与描述性统计

本部分的数据来源于《中国统计年鉴》《中国财政年鉴》及各省级统计年鉴，数据区间为2007—2020年。其中，财政税收数据则来源于《中国财政年鉴》，其他主要数据来源于《中国统计年鉴》及各省级统计年鉴。考虑到西藏的特殊性，特别是《中国统计年鉴》缺少西藏2007年和2008年的失业率数据，我们从样本中剔除了西藏，仅考察其他省、自治区和直辖市（不含港澳台）。

从统计结果来看（见表4-6），2007年至2020年各省社会保障支出的平均值为13.18%，最大值为辽宁2020年的27.58%，最小值为浙江2009年的5.77%。辽宁社会保障和就业支出占比不断上升，与其重工业基地较多、老龄化人口占比较高有关，而浙江的情形正好相反。

各省失业率的平均值为3.38%，最大值为辽宁2020年的4.61%，最小值为北京2013年的1.2%。事实上，北京历年失业率均为全国最低值。

老年抚养比的均值为13.97%，最大值为重庆2020年的25.48%，最小值为宁夏2011年的7.44%。在老年抚养比中，四川和重庆的抚养比最高，紧随其后的是辽宁、山东和江苏，北京和上海借助外来年轻人口缓解了养老压力；广东不仅当前抚养比低，而且伴随着大量年轻人口涌入，过去十年降幅也最大。另外，宁夏、新疆、内蒙古、青海等的老年抚养比也较低，均在10%左右。

表4-6　　　　　　　　　描述性统计

变量	观测值	均值	中值	最大值	最小值	标准差
SSE（%）	420	13.18	13.19	27.58	5.77	3.4
TR（%）	420	32.16	27.56	79.97	9.04	15.28
NTR（%）	420	9.87	9.87	28.42	2.46	3.74
CSI（%）	420	39.18	41.84	72.69	7.24	16.09
OTHER（%）	420	18.8	18.21	42.15	3.1	8.04
PGDP（元）	420	48223.83	42465	164839	6915	27816.99
URB（%）	420	55.91	54.2	89.6	28.24	13.3
GCOMP（%）	420	28.62	13.79	177.05	0.77	33.65

续表

变量	观测值	均值	中值	最大值	最小值	标准差
UNEMPLO（%）	420	3.38	3.46	4.61	1.2	0.65
DEPEN（%）	420	13.97	13.46	25.48	7.44	3.45

三 实证结果及分析

1. 控制变量的影响

从控制变量来看，人均 GDP 对财政社会保障支出的影响为负，而人均 GDP 的平方项对财政社保支出的影响为正，再次说明人均 GDP 对财政社保支出具有非线性影响，且人均 GDP 及其平方项在各模型中均显著。人均 GDP 对财政社会保障支出的影响为负，与经济发展阶段论的分析不符，可能的原因在于现阶段地方政府还没有将社会保障支出作为地方社会经济发展的重要任务。从数据上看，地方社会保障支出比重远低于教育支出，由此可见一斑（见表 4-7）。

城镇化水平对财政社保支出的影响为正，模型（3）、模型（5）在 1% 的水平上显著，模型（1）、模型（2）、模型（4）在 5% 的水平上显著，说明城镇化提高了民众的社会保障需求。城镇化对财政社保支出的正向影响与理论分析一致，即城镇化会增加医疗保险和养老保险支出，提高最低保障支出及就业相关支出等。

表 4-7　　　　　　　　　　数据回归结果

变量	(1) SSE	(2) SSE	(3) SSE	(4) SSE	(5) SSE
TR	-0.144***				-0.117***
	(-4.19)				(-4.03)

续表

变量	（1）SSE	（2）SSE	（3）SSE	（4）SSE	（5）SSE
NTR		-0.242***			-0.193***
		(-4.47)			(-3.47)
CSI			0.082***		0.031
			(2.91)		(1.13)
OTHER				0.067**	
				(2.29)	
PGDP	-0.000***	-0.000***	-0.000***	-0.000***	-0.000***
	(-4.69)	(-3.85)	(-3.83)	(-4.22)	(-4.11)
$PGDP^2$	0.000***	0.000***	0.000***	0.000***	0.000***
	(4.52)	(3.88)	(3.66)	(4.04)	(4.45)
URB	0.140**	0.151**	0.190***	0.131**	0.149***
	(2.54)	(2.39)	(3.25)	(2.05)	(2.73)
GCOMP	0.012	-0.042***	-0.028***	-0.024*	0.000
	(0.75)	(-3.79)	(-2.68)	(-1.76)	(0.02)
UNEMPLO	0.153	0.211	0.046	0.263	0.153
	(0.47)	(0.60)	(0.14)	(0.75)	(0.48)
DEPEN	0.341***	0.395***	0.428***	0.400***	0.307***
	(5.29)	(6.17)	(5.97)	(6.11)	(4.99)
Constant	9.244***	6.738**	-1.310	4.333	8.714**
	(3.53)	(2.35)	(-0.37)	(1.44)	(2.50)
Observations	420	420	420	420	420
Number of ID	30	30	30	30	30

注：***表明 p 小于1%；**表明 p 处于1%—5%；*表明 p 处于5%—10%。

政府竞争度对社会保障支出的影响为负，且在模型（2）、模型（3）、模型（4）中显著；在模型（1）、模型（5）中的影响为正，但统计上不显著。近年来，我国不断加大外向型经济的发展，外贸进出口占比长期处于较高水平，在一定程度上降低了就业压力，并将政府的财政支出结构转向经济增长，可能在一定程度上降低了社会保障支出。

城镇失业率对社会保障支出的影响为正，但各模型均不显著。从理论上讲，失业率上升从两个方面增加社会保障支出，一是失业率上升增加了失业保险金的发放额，二是失业率上升将增加当地的就业培训与中介服务支出。失业率上升增加社会保障支出，与主流理论相符，再次说明社会保障是一个内生于经济增长的自动稳定机制。

老年抚养比对社会保障支出的影响为正，各模型均在1%的统计水平上显著。老年人口对养老保险与医疗保险的需求相对较高，而较高的老年抚养比对社会保障支出的影响为正，与经济学的一般理论相符。

2. 解释变量的影响

从解释变量的影响来看，地方税收入对社会保障支出的影响为负，且在1%的水平上显著，其中模型（1）中地方税收入的系数为-0.144；模型（5）中地方税收入的系数为-0.117。非税收入对社会保障支出的影响均为负，且都在1%的水平上显著，模型（2）中非税收入的系数为-0.242；模型（5）中非税收入的系数为-0.193。

中央补助收入对社会保障支出的影响为正，模型（3）在1%的水平上显著，其中，模型（3）中中央补助收入的系数为0.082，模型（5）中中央补助收入的系数为0.031。其他收入对社会保障支出的影响为正，系数为0.067且在5%的水平上显著。

实证分析结果没有证实地方税收入对社会保障支出的支撑作用，说明地方政府利用自有资金回应社会保障需求上还存在较大的差距，或者说，民众对社会保障的需求主要通过其他资金渠道来实现。从数据上看，2020年全国社会保险基金收入75863.50亿元，其中保费收入为49224.65亿元，占比为64.89%；财政补贴收入

（一般公共预算、国有资本经营预算和政府性基金预算对社会保险基金预算的补助性支出）为 21015.52 亿元，占比为 27.70%，这也在一定程度上证实了上述判断。相反，中央补助收入和其他收入的影响为正，说明中央政府不断加大对地方社会保障事业的支持。2022 年按照党中央和国务院的部署，养老保险改由全国统筹，在一定程度上也反映了地方政府对社会保障支出的支持力度不够。

总体来看，实证研究没有支持地方税收入增加社会保障支出的证据，地方税收入没有很好地回应普通民众对社会保障的需求。

第三节　地方税收入对经济增长的影响

一　理论分析

税收收入是地方政府的重要收入来源，对支撑地方政府提供公共服务具有非常重要的作用。如果说西方国家地方政府的主要职能仅仅是维持政府机构运转并提供有限的公共服务，那么中国地方政府的职责或职能则要广阔得多。自 20 世纪 70 年代末改革开放以来，我国逐渐建立起地方政府之间的竞争框架，而这个竞争框架的核心是经济竞争，换句话说，地方政府通过改革和开放以推动本辖区的经济增长。在改革开放的较长时期内我国经济增长主要依靠投资和出口，其核心是招商引资，80 年代初及之后较长时间的主要任务是引进外资，而 90 年代中后期开始引进内资也成为地方政府的重要任务。

但无论是引进外资和内资，除提供较高质量的公共服务之外，还得付出不少真金白银。换句话说，招商引资（含外资）是需要一定的财力基础的，这样导致某种意义上的马太效应，即东部地区能够提供经济发展的基础性条件，能够给外来资本提供初期支持，容易吸纳相关资金，从而得到了优先发展的机会。地方税收入与其他收入来源一起为招商引资及其他经济活动提供了助力。但地方税到底能够在多大程度上助推经济增长呢？或者说能够在多大程度上影响经济增长呢？其他收入来源的影响力又有多大呢？为了探讨这个问题，我们沿用本章的基本分析思路，构建相关模型来展开讨论。

二　模型设计与变量选择

1. 模型设计

为了探讨地方税收入对经济增长的影响，根据相关经济理论及国内外相关文献，设计了相似的计量模型：

$$\ln Y_{i,t} = a + \sum \beta_i \ln U_{i,t} + \sum \gamma_i \ln V_{i,t} + \zeta \quad (4-3)$$

式中：Y 为被解释变量，即经济增长；U 为解释变量，主要表现为政府的不同收入来源；V 为控制变量，反映对被解释变量产生影响的其他主要因素。

我们选择我国 2007—2020 年省级面板数据，实证分析地方税收入对经济增长的影响。

2. 变量选择

（1）被解释变量与解释变量

关于被解释变量的选择，衡量经济增长的指标有 GDP 增长率和人均 GDP 增长率。考虑到地方政府更看重整体的经济增长率，而非人均 GDP 增长率，故本书选用"经济增长率"作为代理变量。

按照前文的分析框架，我们选择地方税收入、非税收入、中央补助收入及其他收入占一般公共预算收入的比重作为核心解释变量。

（2）控制变量

经济增长主要是由要素投入及相关因素引起的，而要素投入主要是依靠资本投入和劳动力投入等两大传统要素，其他相关因素则涉及政府因素、经济因素等。

要素投入。一般认为，资本和劳动力是两大传统投入要素，是经济增长必不可少的投入要素。按照宏观经济学经济增长理论，资本和劳动力投入是经济增长的核心要素，与技术进步一起共同推动了经济增长。考虑到被解释变量采用经济增长率，这里资本和劳动力投入变量选择"固定资产投资增长率"和"劳动力增长率"作为代理变量。

政府因素。在古典经济学的框架下，政府是非生产性的，不仅不能推动经济增长，而且会耗费资本和劳动力要素，从而阻碍经济发展，故而要求建立"守夜人"政府，控制政府的行为。但现代经济学已经证明，政府是社会经济运转不可缺少的因素，具有配置资源、分配收入、稳定经济的职能，对经济增长和发展有很大的作用。因此，本书将政府因素纳入经济增长框架进行考量。参照上文的研究逻辑，本书选择"政府规模"和"政府竞争度"进行分析。

关于政府规模对经济增长的影响，学界主要有两种观点，一是认为政府规模越大，对经济增长越不利，特别是与经济建设无关的行政国防、教科文卫支出规模越大，经济增长水平越受限，这大致与古典经济学的观点相同；二是认为中国的地方政府以主导者的身份进入市场经济建设，甚至将地方政府称为"公司型"政府，即政府是按照公司化的模式组织财政收支，安排地区经济发展。显然，政府规模扩大有助于经济增长。当然，不同地区的政府性质可能有差异，因而政府规模对经济增长的影响方向可能有所差异。

改革开放以来地方政府之间围绕资本、劳动力的竞争此起彼伏，而正是这种竞争助推了经济增长率，其中尤以对 FDI 的争夺最为激烈。在加入 WTO 之后，中国的对外贸易依存度不断提升，政府间围绕劳动力及外贸订单的竞争也不绝于耳。关于政府竞争对经济增长的影响，学界一般认为，政府之间的竞争有助于降低税收负担水平，改进营商环境，从而增加整个社会的资本存量，将有助于经济增长。参照第一节的做法，这里选择"财政支出占 GDP 的比重"作为政府规模的代理变量，选择"进出口贸易占 GDP 的比重"作为政府竞争度的代理变量。

经济因素。在助推经济增长的经济因素中，城镇化和产业结构是两个绕不开的因素。一般认为，城镇地区的要素密集程度远高于乡村地区，这导致城镇地区的劳动生产率和资本收益率高出乡村地区甚多。因此，学界普遍的观点是城镇化会带动经济增长速度，同时经济增长也会在一定程度上促进城镇化，形成城镇化与经济增长之间的双向因果关系。

同时，学界一般认为，不同的产业结构对于经济增长的贡献能力是不同的。随着我国产业优化进程的加快，第一产业对国民经济的贡献率越来越低，大部分地区已经低于 10%。第一产业的占比越来越低，相反的是第二产业和第三产业的占比呈相互追赶的态势。从全国来看，第三产业的占比已经超过第二产业，第三产业对经济增长的贡献正逐步增大；但是第三产业的地区分布很不均衡，而且第三产业的质量在各地区差异很大。由于产业结构的质量和增长速度不同，因而对经济增长的影响也有差异。为此，本书选择"城镇人口比重"作为城镇化水平的代理变量，选择"第二产业增加值的增长率""第三产业增加值的增长率"作为产业结构的代理变量（见表 4-8）。

表4-8 变量表

	指标	英文名称	指标含义
被解释变量	经济增长率	GGR	GDP名义增长率
解释变量	地方税收入占比	TR	地方税收入占一般公共预算收入的比重
	非税收入占比	NTR	非税收入占一般公共预算收入的比重
	中央补助收入占比	CSI	中央补助收入占一般公共预算收入的比重
	其他收入占比	OTHER	其他收入占一般公共预算收入的比重
控制变量	资本投入	CGR	固定资产投资增长率
	劳动力投入	LGR	劳动力增长率
	政府规模	GS	财政支出占GDP的比重
	政府竞争度	GCOMP	进出口贸易占GDP的比重
	城镇化水平	URB	城镇人口比重
	第二产业增长率	SEC	第二产业增加值的增长率
	第三产业增长率	THI	第三产业增加值的增长率

3. 数据来源与描述性统计

我们的数据主要来源于《中国统计年鉴》《中国财政年鉴》及各省级统计年鉴。其中，财政税收数据来源于《中国财政年鉴》，其他主要数据来源于《中国统计年鉴》及各省级统计年鉴。考虑到西藏的特殊性，我们将西藏从样本中加以剔除。描述性统计结果见表4-9。

表4-9 描述性统计结果

单位：%

变量	均值	中值	最大值	最小值	标准差
GGR	9.42	9.00	19.10	-5.00	3.63
TR	32.16	27.56	79.97	9.04	15.28
NTR	9.87	9.87	28.42	2.46	3.74
CSI	39.18	41.84	72.69	7.24	16.09
OTHER	18.8	18.21	42.15	3.10	8.04
CGR	15.41	15.22	59.54	-62.65	13.80

续表

变量	均值	中值	最大值	最小值	标准差
LGR	0.49	0.50	1.18	-0.45	0.28
GCOMP	28.62	13.79	177.05	0.77	33.65
URB	55.91	54.20	89.60	28.24	13.30
GS	23.60	21.45	64.30	8.70	10.02
SEC	10.09	9.20	25.80	-7.70	5.49
THI	9.69	9.81	20.10	-3.80	3.17

三 实证结果及分析

1. 控制变量的影响

从控制变量来看，资本投入对地区经济增长具有正向的影响，而劳动力投入对地区经济增长有负向的影响，但各模型均不显著。改革开放以来，我国依靠资本和劳动力的大量投入，极大地推动了经济增长。但也要注意到，中国劳动力成本越来越高，简单依靠劳动力投入来实现经济增长已经非常困难；尽管中国资本的稀缺性已经得到很大的缓解，但资本的边际产出下降很大；依靠资本和劳动力投入为主要特征的粗放式经济增长已经难以持续。因此，必须加快技术进步，推动中国式现代化进程，提升经济增长的质量（见表4-10）。

表4-10　　　　　　　　数据回归结果

变量	(1) GGR	(2) GGR	(3) GGR	(4) GGR	(5) GGR
TR	0.007** (2.05)				0.008** (2.10)
NTR		0.022*** (2.65)			0.023*** (2.71)

续表

变量	(1) GGR	(2) GGR	(3) GGR	(4) GGR	(5) GGR
CSI			-0.005*		0.001
			(-1.83)		(0.33)
OTHER				-0.006**	
				(-1.99)	
CGR	0.000	0.000	0.001	0.000	0.000
	(0.10)	(0.11)	(0.21)	(0.03)	(0.05)
LGR	-0.108	-0.116	-0.149	-0.057	-0.121
	(-1.12)	(-1.16)	(-1.47)	(-0.60)	(-1.22)
GCOMP	0.000	0.004***	0.002	0.001	0.002
	(0.00)	(2.62)	(1.25)	(1.13)	(0.95)
URB	0.015***	0.012***	0.012***	0.018***	0.011**
	(4.05)	(2.73)	(2.86)	(5.10)	(2.38)
GS	0.013***	0.014***	0.014***	0.010***	0.017***
	(4.96)	(5.71)	(5.17)	(4.73)	(5.36)
SEC	0.468***	0.466***	0.470***	0.465***	0.465***
	(39.37)	(39.03)	(40.08)	(37.52)	(38.06)
THI	0.457***	0.456***	0.458***	0.458***	0.454***
	(30.30)	(30.65)	(30.45)	(30.52)	(30.31)
Constant	-1.047***	-0.981***	-0.541	-0.855***	-1.191***
	(-3.56)	(-3.69)	(-1.44)	(-2.96)	(-3.43)
Observations	420	420	420	420	420
R^2	0.987	0.987	0.987	0.987	0.987

注：***表明 p 小于1%；**表明 p 处于1%—5%；*表明 p 处于5%—10%。

政府规模对经济增长的影响为正，且各模型均在统计上显著，说明地方政府对经济增长的影响力确实非常高，地方政府的生产性越来越强。党的二十大报告指出，要"充分发挥市场在资源配置中的决定性作用，更好发挥政府作用"。这说明，既要发挥好地方政府对经济增长的推动作用，也要注意发挥市场机制的决定性作用，两个方面都要抓，不能有所偏废，更不能无穷放大地方政府的作用。

政府间竞争对经济增长的影响为正，且模型（2）在统计上显著。改革开放以来，我国实行放权让利、分灶吃饭的财政体制改革，地方政府在争夺经济资源方面做足了功课。这集中体现在对资本（特别是 FDI）和劳动力的争夺上。加入 WTO 以后，中国对外贸易依存度不断提高，已经成为世界第一大货物贸易体，是 100 多个国家的最大贸易伙伴国。伴随着对外贸易的扩大，地方政府间竞争不断加剧，其对经济增长的影响也在不断深化。但也要注意到，我国不仅要做贸易大国，更要做贸易强国，要提高对外贸易的附加值和利润率，提升对经济增长的正向影响力。

第二产业增长率和第三产业增长率对经济增长的影响均为正，且统计上都非常显著。值得注意的是，第二产业增长率对经济增长的影响略高于第三产业增长率的影响，说明尽管我国第三产业的比重超过了第二产业，但我国仍然是一个以制造业为核心竞争力的国家；换个角度来看，我国第三产业的规模上升很快，但第三产业的质量和竞争力仍有待提升，需要进一步提高其对经济增长的贡献率。

城镇化对经济增长的影响为正，且各模型均显著，说明城镇化确实能够推动经济增长。当然，城镇化与经济增长之间更可能是一个相互推动的过程。

2. 解释变量的影响

从解释变量来看，地方税收入对经济增长的影响为正，模型（1）和模型（5）中都在 5% 的水平上显著。非税收入对经济增长的影响为正，模型（2）和模型（5）都在 1% 的水平上显著。中央补助收入对经济增长的影响不确定，模型（3）在 10% 的水平上显著，模型（5）在统计上并不显著；其他收入对经济增长的影响为负，模型（4）在5%的水平上显著。

地方税收入对经济增长的影响为正，证实了地方税对经济运行的影响力，再次说明地方政府必须依赖地方税收入来推动经济增长，不断提高税占比。当然，地方税收入与经济增长之间可能存在双向因果关系。中央补助收入的影响不确定，主要原因在于中央补助关注的重点是民生性项目，比如教育、卫生、社会保障等，而不是经济发展的主战场。

总体来看，地方税收入对教育支出的影响为正，体现了地方政府对教育的高度重视，较好地回应了民众的教育需求，这在一定程度上也是国家高度重视教育的结果。地方税对社会保障支出的影响为负，反映出地方自有收入对社会保障需求的回应性不够，可能与我国的经济发展阶段有关，也与国家对社会保障的重视程度有关。地方税对经济增长的影响为正，说明地方经济运行对地方税收入具有一定的依赖性，也在一定程度上反映了地方税收入与经济增长之间的双向因果关系。如果在国家治理的框架下观察，可以发现我国地方税体系的建设还存在较大的不足，地方税收入在地方政府收入体系中的比重不高，这也是地方税收入对教育、社会保障和经济增长影响力不够的重要原因。

第五章　现代国家治理与地方税体系建设：目标框架

第一节　地方税体系建设的总体目标

地方税体系建设的最基础目标是为地方政府筹措充分的财政资金，以满足其提供相关公共产品和公共服务的需要。实际上，税收最基础和最本源的功能或职能就是为政府提供财政资金。没有税收收入，无论哪个级别的政府都无法有效运行。因此，地方税体系的建设，就是要为地方政府提供财政收入，保证政府提供公共产品和公共服务的资金来源。其实，近年来学界和实务界紧抓地方税体系建设的命题，其根源在于"营改增"彻底改变了地方政府原有的税收收入格局，需要另起炉灶进行解决。由此可见，建设地方税体系不能违背筹措财政收入的初衷，不能因为普通民众担心宏观税负率上升就顾左右而言他。但是，正如税收除筹措财政收入外还具有优化资源配置、公平收入分配、稳定宏观经济等职能一样，地方税体系建设也不能仅仅是为地方政府筹措财政收入，还必须实现其他目标。

第一，地方税体系建设必须着眼于提高地方政府的治理能力。

地方政府筹措财政资金的方式或渠道很多，比如政府性基金、行政事业性收费、国有资本经营收入以及来自上级政府的转移支付等。但是，不同来源渠道的资金对地方政府的约束力有一定的差异，其对政府治理能力的影响是不一样的。比如，尽管地方政府在使用上级转移支付资金时需要遵守一定的制度规范，但毕竟是来自其他政府的资金，因而地方政府在使用该资金时的严谨程度将会被大大削弱。在财政分权理论看来，地方税对地方政府的约束力较强，能够保证地方政府及时回应当地居民对公共产品及服务的需求。就基层政府而言，通过具有受益性质的房地产税及相关税种，能够对地方政府的行为施加较大的影响。从这个意义上讲，构建地方税体系对提升地方政府治理能力具有非常重要的作用。换句话说，地方税体系建设必须考虑如何提高地方政府的治理能力。

第二，地方税体系建设必须着眼于维护市场统一，促进社会公平。党的十八届三中全会报告指出，"科学的财税体制是优化资源配置、维护市场统一、促进社会公平、实现国家长治久安的制度保障"。显然，地方税体系建设也必须维护市场统一，促进社会公平。按照税收收入划分的基本理论，税基流动性大的税种应归中央政府所有。将税基流动性较大的税种划归中央政府，有助于建立统一的国内大市场。从世界各国的实践来看，税基流动性较大的货劳税及所得税主要归中央政府所有。比如，主要发达国家的增值税、个人所得税大多属于中央税或为共享税收入。美国没有开征增值税而将销售税交由州和地方政府，其原因在于联邦政府的收入来源主要是个人所得税；欧洲国家的增值税在税收收入中占比较大，大多属于中央（联邦）或共享税。在我国，增值税、消费税属于流动性较大的税收，前者属于共享税，后者属于中央税。2019年中央要求改革消费税并逐步下放地方，还需要在维护市场统一和促进社会公平的基础上加以统筹。

第三，地方税体系建设必须着眼于建立现代税收制度，优化税制结构。地方税体系建设是我国现代税收制度建设的重要内容，需要为实现税收制度的现代化服务。尽管地方税体系涉及货劳税、所得税及财产税的诸多税种，但无论是哪个税种仍都必须放在现代税收制度的框架下进行建设。同时，地方税体系建设还需要服务于税制结构优化的宏观目标。长期以来，我国税制结构极不均衡，货劳税占税收收入的比重过高，高峰期曾接近80%；近年来所得税和财产税比重不断上升，但货劳税比重仍高达50%以上，形成了非均衡性的税制结构。通常认为，一国之税收制度应有助于实现收入公平分配，但我国税制结构的非均衡性在一定程度上助长了收入分配差距的扩大。同时，我国的税收制度也没有能够发挥调节和促进居民消费的作用。特别是，我国以货劳税为主的税制结构在商品价格的形成机制上也起到了负面作用，导致商品零售价格偏高，将部分购买力挤出到国外市场。为此，我国需要通过税制改革实现税制结构的优化，特别是通过地方税体系建设推动主要税种的改革，降低货劳税在整个税收收入中的比重，并提高财产税及所得税在整个税收收入中的比重。

第四，地方税体系建设必须着眼于构建稳定的政府间财政关系。地方税体系建设不是单纯的税收制度建设，而必须通过完善政府间财政关系，进而建构合乎各层级政府需求的地方收入体系。稳定的政府间财政关系可以削减各级政府的机会主义动机，防止各级政府之间相互推诿责任。比如，在现行政府间财政关系框架下，各级政府常常尽可能将相关责任转移给其他级次的政府或其他地区的政府。一旦出现相关责任事故，各级政府常将责任推给其他级次的政府或其他地区的政府，也常将此类事故的发生归咎于机制问题。

事实上，如果政府间财政关系是稳定的，各级政府之间的行为边界是清晰的，那么这种可能性根本不存在。政府间关系不仅要稳定，而且必须科学优化，保证各级政府能够高效地履行自身职责，满足当地居民的公共产品和公共服务需求。换句话说，就是要确立各级政府事权与支出责任。显然，如果地方政府负责很简单的事项，就只需要给它分配较少的财政资源。因此，地方税体系建设的前提是科学划分政府间财政关系，确立各自的责任边界，构建完善的转移支付制度，形成现代财政制度。

第二节　地方税体系建设的总体框架

一　政府间税种分配的基本理论

关于税种在各级政府间划分的理论，西方经济学家提出了不少有影响力的原则。比如，塞力格曼（E. A. Seligman）认为，税收收入的划分应遵循三个原则：一是效率原则，即以征税效率的高低为标准来确定税种的归属。如果某税种由地方政府征收的效率更高，就应将此税种作为地方税，反之则作为中央税。二是适应原则，即以税基的宽窄为中央和地方政府分税的标准，税基宽的税种作为中央税，税基窄的税种作为地方税。三是恰当原则，即以税收负担公平与否为分税的标准，为居民公平负担而设置的税种应作为中央税，纳税人仅涉及部分地区和人群的税种应作为地方税。

明孜（Jack M. Mintz）认为，税收划分应遵循五个原则，分别是效率原则、简化原则、灵活原则、责任原则和公平原则。其中，效率原则是指税收划分要尽量减少对资源优化配置的影响；简化原则是指应使税制简化，便于公众理解和执行，提高税务行政效率；灵活原则是指税收划分要有利于各级政府灵活地运用包括预算支出、税收补贴等措施在内的一系列政策工具，使税收与事权相适应；责任原则是指各级政府的支出与税收责任关系应协调；公平原则是要使全国各地区的税种结构、税基税率大体平衡，即各地居民的税负应平衡。

美国经济学家马斯格雷夫根据税收的公平权力与有效利用资源的准则，提出了中央与地方税收划分的六条标准：第一，用于调节社会收入分配的累进性税种应归属于中央；第二，作为经济稳定手段的税种应归属于中央；第三，地区间税基分布不均衡的税种应归属于中央；第四，累进性强的税种应由最有能力全面实施的政府负责征收；第五，税基流动性低的税种应归属于地方；第六，各级政府均可征收受益税和使用费（张青等，2013）。

国内学者对税种划分也有较为丰富的研究。比如，樊丽明和杨志勇（2019）认为，税种的划分要将税种的功能与各级政府的职责相结合，注重多级财政关系间的相互协调，体现税种划分的便利性，使税种划分有利于经济的运行与发展。吕冰洋（2022）认为，政府间税收分配应坚持经济效率原则、受益原则和有效激励原则。其中，经济效率原则要求中央税尽量发挥税收中性要求，要有利于统一市场建设，地方税不能扭曲生产环节资源配置；受益原则要求地方政府根据公共服务受益范围确定税收在不同层级政府的归属；有效激励原则要求中央税必须有利于发挥中央政府发展经济的积极性，地方税必须有利于发挥地方政府发展经济和提供公共服务的积极性。

Oates（1999）总结了税种分配的基本原则：第一，低层级的政府应该尽可能地依赖于对流动性经济单位（如家庭）和生产要素课征的受益型税收。第二,如果对流动性经济单位课征非受益性税收(如收入再分配性税收),则应由较高层级的政府来课征。第三,如果低层级的政府课征非受益性税收,那么其只能对在辖区之间流动性较差的税基进行课征。表5-1反映了根据上述税收划分原则。

表5-1　　　　　　　　政府间税种划分的基本原则

收入	中央	地区	地方
个人所得税	是	附加税	否
工薪税	是	附加税	否
企业利润税	是	否	否
自然资源税	是	限制	否
增值税	是	否	否
零售税	是	是	否
关税	是	否	否
特别消费税	是	附加税	否
土地和财产税	否	否	是

根据该模型,地方政府主要对土地和财产课税,另外还可以征收一些使用费。地区政府则可以征收零售税和一些特别消费税以及一些附加税。如果说早期的税收收入划分理论重视税种的性质和特点,那么近期的税收收入划分理论则重视收入与支出责任的匹配。比如,税收收入的划分必须依赖于支出责任的划分。如果地方政府的支出责任很小,那么只需要分配较小份额的税收给它,财产税(以及使用费)也许就够了。如果地方政府需要为教育卫生等负责的话,那么它的支出压力会大很多。另外,地方政府应当有能力和责任决定自有财源收入。如果不能决定征什么税、对什么税基征税、税率是多少,那么他们就不能控制自己的收入或者说没有征税

权力。

另外，学界还非常重视其他一些因素对税收收入划分的影响。第一，管理能力。中央政府的行政管理能力及其效率通常比地方政府强，因而在组织各项收入时更具有优势。特别是对那些具有较强流动性的税基征税，中央政府显然比地方政府更具有效率；而仅有那些税基流动性较小的税种，地方政府的能力才具有适应性，比如财产税。第二，均等化。由于各地的税收资源不同，将某些税种交由地方政府征收则可能引起比较大的横向不平衡问题。比如，资源税的税基在各地非常不平衡，因而由较高层级的政府征收会有利于地区间的财力均等化。第三，宏观经济稳定。中央政府可能担心将部分税种划给地方政府会失去对宏观经济的控制；而地方政府则可能因缺乏自有收入而无节制地借款，从而产生宏观经济失衡。第四，经济发展。中央政府可能担心地方政府将其组织的收入用于消费性项目而非经济建设项目，从而拖累经济增长速度。相反，如果地方政府能够将其组织的收入主要用于经济建设项目，则可能提升经济增长速度。第五，责任心。一般认为，地方政府利用自有财力安排相关支出项目，会更有责任心。

总的来看，有效的政府间收入划分应当保证：自有财政资源必须能够满足地方政府提供基础性公共服务的需要；地方政府课征的税收只应由辖区内居民承担；各级政府之间需要有清晰的支出责任；地方政府的税收不能扭曲资源配置。学界进一步研究了各主要税种的特征，形成了地方税政策选择矩阵（详见表5-2）。该矩阵讨论了各税种在收入充足性、收入弹性、付费与受益的一致性、地方政府责任、管理成本、遵从成本、腐败程度、政治可接受性、扭曲效应、累进程度及降低地区之间差距等方面的特征，从而为地方政府选择合适的税种及收入渠道奠定了基础。

表5-2　地方税政策选择矩阵

标准	财产税 (L)	消费税 (R)	个人所得税 (R)	工薪税 (R)	销售税 (R)	营业税 (L, R)
收入充足性 (Revenue adequacy)	OK for general local government	Unlikely for suffice	Unlikely	Yes, if industrial area	Yes	Not likely
收入弹性 (Revenue buoyancy)	Not much	Varies	Yes	Yes	Yes	May be OK
支付与受益的一致性 (Correspondence of payers and beneficiaries)	Fair, if properly done	Not too high	Not high	Depends on employment	Depends on mobility	Depends on design
地方责任 (Local accountability)	Low	Not too good, unless rates set regionally	Low (depends on rate discretion)	OK if have rate discretion	Can be OK	Usually low
管理成本 (Administration cost)	Fairly high	Low	Not usually feasible unless as regional surcharge	Not high	Moderate	Sometimes high
遵从成本 (Compliance cost)	Depends, but not too high	Low, as a rule	Medium	Not high	Moderate	Often high

续表

标准	财产税 (L)	消费税 (R)	个人所得税 (R)	工薪税 (R)	销售税 (R)	营业税 (L, R)
腐败程度 (Latitude for corruption)	Moderate	Low	Probably high in most countries	Low	Moderate	High
政治可接受性 (Political acceptability)	Moderate	Very high in some instances	Low	High	Perhaps	High
扭曲效应 (Distortionary impact)	Moderate	Can be low	Moderate	Not too high	May be OK	Usually high
累进程度 (Progressivity)	Possibly	Regressive in general, except fuel	Largely unknown	Not very	No	Usually unknown
消除地区差距 (Reduces regional disparities)	No	No	No	No	No	No

资料来源：Bird. Richard M., *Subnational Taxation in Developing Countries: A Review of the Literature*, World Bank Working Paper, 2010.

二 市县级地方政府的职责与地方税体系框架

地方税体系建设的重要目的是为地方政府提供财力支持，那么地方政府有什么特点呢？其职责是什么呢？从西方国家来看，其地方政府大致具有四个特点：一是具有适当的自治性，特别是发达国家的地方政府官员一般由辖区内居民选举产生，地方公共事务根据选民的意愿来确定。二是具有非隶属性，也就是说发达国家地方政府虽有层级之分，但不同层级的地方政府之间不存在行政上的隶属关系。三是具有法人地位，地方政府通常是具有法人资格的独立主体。四是与其他主体的平等性，它与其他的法人或自然人在法律意义上是平等的，都必须在法律确定的框架内行使自己的权利履行相应的义务。因此，西方国家的地方政府相对而言具有较强的独立性，而其财政收入渠道也相应具有一定的独立性。限于我国单一制的政府框架，各级地方政府显然还无法做到与西方国家相似的独立性。但是随着我国全面深化改革的不断推进，各级地方政府的独立性将会得到进一步加强。

按照我国《中华人民共和国地方各级人民代表大会和地方各级人民政府组织法》的规定，我国地方政府的职责主要是执行国民经济和社会发展计划、预算，管理本行政区域内的经济、教育、科学、文化、卫生、体育事业、环境和资源保护、城乡建设事业和财政、民政、公安、民族事务、司法行政、监察、计划生育等行政工作。对于市县级地方政府而言，其职责主要包括：贯彻中央、省制定的政策法规在县域内的执行，并针对本县的实际情况制定相应的管理制度；负责县域内的中小学教育、文化体育事业以及社会保障的开展；负责县域内的公路桥梁、大中型农田水利以及电力和通信等基础设施的建设；负责县域内的环境治理、自然资源管理、土地使用管理以及区域发展规划。

要有效履行政府职能，我们需要为市县级政府匹配什么样的财力资源呢？现实地看，上级转移支付、政府性基金及各项政府收费都是市县级政府的重要收入来源，而来自税收的收入则需要进一步加强。根据各税种的性质及地方政府的职能职责，为地方政府匹配的税种应具有一定的受益性，流动性和管理成本较低，以便地方政府掌控，有助于当地居民识别。为此，对市县级政府的税收收入，可匹配以财产税为核心的相关税种。比如，房产税、契税、城建税、耕地占用税、车船税等。当然，增值税作为我国规模最大的单一税种，也必须给予市县级政府一定的分享比例。

三 省级地方政府的职责与地方税体系框架

从世界各国的政府间关系来看，省（州）级政府是中央（联邦）之下非常重要的一级政府，对国家治理负有非常重要的职责。由于我国疆域辽阔，地区之间社会经济差异性大，利用统一的行政命令显然无助于效率和公平的提升，无助于各地区各社会群体之间的合作共赢。因此，中国省级政府不能单纯地成为中央政府的派出机构，而应是与中央政府之间具有清晰的权利、义务边界的相对独立主体；省级政府的职能不能只是中央政府职能的向下分解，而应该具有自己独立的事权范围；各省级政府在接受中央政府宏观调控的同时，对辖区内的市、县、乡具有一定的自主调控空间。在此框架下，省级政府的职能包括但不限于：保证中央政令在省域内的畅通，并根据全国统一的法令制定本省的政策与法规；负责省域内的高等教育、科研及社会保障工作；负责跨流域的河流、省际高速公路等涉及多地区的基础设施与公益性项目的治理与建设；管理和监督省内关系国计民生的省属国有企业，保证省属国有企业的公共性及其顺畅运行；维护正常的市场经济秩序，防止辖区内异常因素所导致的市场剧烈波动（杨灿明，2012）。

在这样的职能职责定位下，省级政府需要什么样的财源来满足其提供公共服务的需求呢？从完善统一大市场的角度看，税基流动性较强的税种应归由中央政府，或者由中央与省级政府分享。由于税基流动性较小的税种主要归由市县级政府所有，而税基流动性大的税种归中央或由中央与省共享，因此省级政府无法建立独立的地方税种。事实上，省级政府也无须建立独立的地方税体系，其主要收入可以来自共享税及相关的转移支付。在税基流动性较强的主要税种中，现有增值税、企业所得税、个人所得税等属于共享税，而消费税和关税则属于中央固定收入。部分学者提出降低增值税税率，将其改造为中央固定收入，在增值税降低税负率的基础上增设零售税（销售税），将其定位为省级政府收入，并将消费税改造为省级政府收入。从某种意义上说，上述建议是有一定合理性的。比如，将共享税增值税改造为增值税（中央固定收入）和零售税（省级固定收入），对于缓解中央与地方政府之间的财政矛盾是有较大益处的，能够大大缓解省级政府的财力缺口；同样，将消费税改为省级政府收入，将进一步夯实地方政府财力。

但是，从增值税分离出零售税并不能对省级政府的治理框架产生积极影响。从征管上讲，零售环节征收零售税或销售税将割断增值税的抵扣链条，无法保证抵扣的完整性；而且如果零售环节不征收增值税，那么在出口环节要实现有效退税可能会存在一定的困难。另外，我国通过严苛的技术手段实现了对生产流通各环节增值税的控制，而一旦零售环节不征收增值税而征收零售税，那么零售环节的偷逃税将难以避免。特别是我国商业领域的税收诚信相对缺乏，居民购买商品和服务时也无索要发票的传统，因而零售业主将有极大的空间进行偷逃税。并且，如果我们将零售税交由地方政府立法实施，那么地区间差异性的货劳税将会极大地扭曲商品劳务的自由流动。

如果说增值税无法改造为省级地方税种，那么以个人所得税和企业所得税为核心的所得税可否改造为省级地方税呢？显然，答案是否定的。特别是个人所得税，由于居民纳税人流动性强，地方政府无法加以合理监控；而且综观各国实践，个人所得税均为中央或联邦政府的收入。当然，部分国家的州或地方政府在个人所得税基础上开征有附加税。但如果不考虑地区差异性的附加税，那么现有分成式的个人所得税对于解决省级地方政府的收入来源应该更为简单方便。相似的是企业所得税，由于其税基具有高度流动性，差异性的企业所得税将扭曲资本在各地之间的配置，故而各国大多将企业所得税列为中央或联邦税。特别是由于企业所得税的核算较为复杂，集团企业及跨国企业的业务相对复杂，地方税务机关缺乏有效的税务信息沟通机制，难以在各地区之间进行税务信息交流和沟通，从而难以对企业所得税实现有效征管。除小部分国家开征企业所得税的地方附加税外，鲜见将企业所得税作为地方独享税种。因此，我国现阶段将个人所得税和企业所得税列为共享税，对解决地方政府的收入来源具有非常重要的意义。需要注意的是，我们主张将增值税、个人所得税、企业所得税等作为中央与地方共享税，不仅要求中央与省级政府分享，而且要求省级政府与市县政府分享相关税收收入，毕竟在现有框架下以房地产税为核心的财产税尚不能满足市县级政府运行的经费需要。

第三节　地方税体系的立法权建设

关于地方税体系建设，有一个问题始终是不能回避的，这就是地方政府的税收立法权问题。学界大多认为应该赋予地方政府①相应的税收立法权。尽管从理论上讲，地方政府拥有立法权将有助于建立完全的地方税体系；从实践上看，国外也有不少地方政府确实具有相应的税收立法权。但是相对而言，这主要是在联邦制国家比较常见，其较好的地方自治传统能够保证地方立法权的有效实施。那么，对于中国这样的单一制国家是否需要赋予地方政府完全的税收立法权呢？如果授予地方立法权，那么授予哪些立法权呢？

笔者认同刘剑文（2016）提出的观点，即谨慎赋予地方税收立法权。我国常常将法律法规放在一起讨论，而事实上，法律和法规是不同的，其效力实际相差甚远。按照我国的法律制度框架，法律通常是指由全国人大及其常委会制定的相关规范性文件，法规是由国务院及省级地方人大（及其常委会）制定的相关规范性文件，而规章则是由国务院所属部门及省级地方政府制定的相关规范性文件。《中华人民共和国立法法》还赋予部分副省级城市与重要地市级城市的人大（及其常委会）及政府一定的法规和规章制定权。在这样的背景下，地方需要或能够获得什么样的税收立法权呢？

显然，地方不可能获得中央税和共享税的立法权，也不大可能获得主要地方税种的立法权。我国单一制的政治经济制度框架决定了全国基本制度的一致性，赋予税收立法权需要在维护上述一致性的前提下展开。按照《中华人民共和国立法法》的要求，"税种的

---

① 这里的政府是广义的，而不单指行政层面上的政府。

设立、税率的确定和税收征收管理等税收基本制度"应制定法律。因此，设立相关税种应由全国人大及其常委会制定法律，而不可能赋予地方政府。由此可见，在现有法律框架下，中央将仍然相对集中地控制税法制定权，而地方能够获得的税收立法权仅限于税收法规与规章。

具体而言，我国对相关税法规定了地方调整权，主要涉及几个方面：一是税种的开征权，即税种由中央制定，但是否开征由地方说了算。比如，我国曾对牲畜屠宰单位和个人征收屠宰税，并为此制定了《中华人民共和国屠宰税暂行条例》。但此税征收与否则由各省、自治区、直辖市人民政府自行决定。具体征收办法由各地根据《中华人民共和国屠宰税暂行条例》和财政部的有关规定制定，报国务院备案。① 二是税收要素的具体决定权。又如，我国曾对营业税的娱乐业税目规定5%—20%的税率范围，具体适用税率由省、自治区、直辖市人民政府在规定的幅度内决定。现在我国对资源税也规定有幅度税率，其适用税率也主要由地方政府决定。比如，2016年财政部和国家税务总局发布《关于全面推进资源税改革的通知》（财税〔2016〕53号），规定对《资源税税目税率幅度表》中列举的资源品目，由省级人民政府在规定的税率幅度内提出具体适用税率建议，报财政部、国家税务总局确定核准。2020年正式实施的《中华人民共和国资源税法》规定，具体适用税率由省、自治区、直辖市人民政府统筹考虑该应税资源的品位、开采条件以及对生态环境的影响等情况，在《税目税率表》规定的税率幅度内提出，报同级人民代表大会常务委员会决定，并报全国人民代表大会常务委员会和国务院备案。

---

① 《中华人民共和国屠宰税暂行条例》2006年废止。

根据刘剑文（2016）提出的"不得越级授权"及"不得转授权"原则，我国仅能将税法的立法权授权给国务院和省级地方人大及其常委会以制定税收法规，而不能越级授权给地方人民政府制定税收法规，也不能由国务院和省级地方人大及其常委会转授权给省级人民政府。除由全国人大及其常委会制定的税收法律外，我国还存在不少由国务院根据全国人大及其常委会授权制定的税收法规[①]，但由省级地方人大及其常委会制定的税收法规非常罕见。在国务院制定《＊＊＊税暂行条例》等相关税收法规的条件下，其只能将相关税收要素的调整权授权给省级人民政府。这是由于国务院不能对省级人大及其常委会授权，而只能对省级人民政府授权；即使如此，它也违背了"不得转授权"的原则。相似的是，全国人大及其常委会授权给国务院制定税收规章，而国务院将这种权利转授给财政部和国家税务总局，这也违背了"不得转授权"的原则。比如，《关于全面推进资源税改革的通知》（财税〔2016〕53号）就是由财政部和国家税务总局颁发的。

如果说《中华人民共和国立法法》及"不得越级授权"和"不得转授权"的原则限制了对地方机构赋予税收立法权，那么地方立法机构的局限也在一定程度上制约了其对税收立法权的行使。全国人大及其常委会设有法律委员会和内务司法委员会，省级地方人大及其常委会设有法制委员会和内务司法委员会，对相关法律法规草案或议案进行审查。但上述机构的工作重点是审议相关法律法规的草案或议案，而行业性法律法规的草案或议案大多是由相关行政部门提出来的；上述机构对一般性法律法规具有较强的审议能

[①] 随着我国不断加快税收立法进程，国务院制定的相关税收法规将由全国人大及其常务委员会制定的税收法律所取代。

力，但对行业性法律法规的审议能力则相对有限。因此，如果将税收相关法规的立法权授予省级地方人大，那么将可能降低上述法规的科学性和规范性。特别是，我国还将税收法规的部分立法权转授省级政府机关，而省级政府机关则进一步授权给财税部门，由此导致相关法规的科学性和规范性进一步下降。因此，我们判断省级地方立法与行政机构实际上并不具有相关税收法规的立法能力，故全国人大及其常委会集中税收立法权是完全有必要的。退一步讲，随着省级地方立法与行政机构立法能力的不断加强，我国可能会逐步赋予地方一定的税收法规及规章制定权，但也需要注意地方立法权的行使可能引发的税收竞争，而后者对资源的优化配置将产生非常严重的负面影响。

总的来说，我们不反对赋予地方一定的税收立法权，但主张谨慎赋予地方税收立法权，并对地方税收立法权进行严格的限制和监督；既要切实保证地方税收立法权行使所指向的财政自主，又要充分满足全国市场统一和税制统一的基本要求。

第四节 地方税体系与政府间财政关系建设

党的十八届三中全会要求建立事权和支出责任相适应的制度，党的十九大则进一步要求建立权责清晰、财力协调、区域均衡的中央和地方财政关系。但无论是什么样的政府间财政关系，事实上都绕不开财政基本法，或者说都需要通过法律文件来形成权责清晰的政府间财政关系。从历史来看，我国具有较长时期的集权传统；从现实来看，我国实行单一制的政治经济体制，二者相互作用而形成了弱稳定的政府间关系。在弱稳定的政府间关系下，要想形成权责清晰的政府间财政关系是很难的。由此，我国需要通过相关机制限制集权传统和单一制对政府间财政关系的负面影响。其核心是建立财政基本法，通过财政基本法来框定各级政府的职责权限或者事权，并配给相应的收入权或税权。尽管财政基本法涉及的内容非常多，但最基本或最核心的内容是界定各层次政府的职责，相关的收入权及相互间调剂资金的制度。准确清晰地界定相互间的职责事权与收入权，能够避免相互间的推诿扯皮，避免各层级政府的机会主义行为。在传统上，中央或高层次政府往往运用行政权力将相关职责事权下沉到基层政府，但从不匹配相应的财力。比如，中央或高层次政府认定某项工作非常重要，要求地方或基层政府采取相应的措施，但这种活动或措施是需要花费财政经费的。从预算上看，地方或基层政府并没有为这些活动预先安排资金，从而导致地方或基层政府预算调整，挪用其他财政资金，影响其他经由人大批准的相关活动。反之，基层政府也往往通过一定的机会主义行为将财政支出压力转嫁给上级政府。比如，地方政府对灾害预防往往投入不足，如果没有发生灾害事故则避免了相关支出，如果发生较大的灾害事故后则要求上级政府给予较多财政支持。

事实上，我国在教育医疗卫生安全保障等方面都存在各级政府间支出责任不清晰的问题。比如，义务教育到底是由中央、省还是市县来安排资金？或者说各自到底应当承担多少比例？或者说中央或高层次政府在为基层义务教育安排资金时到底遵循什么样的规则？如果这些规则不断地变化，那么基层政府的义务教育经费则会出现某种意义上的短缺。义务教育是如此，其他在多层次政府间需要分配支出责任的事项也是如此。当然，中央政府已经清醒地认识到上述责任不清晰导致的后果，因而努力界分各层级政府的职责。比如，于2016年发布的《国务院关于推进中央与地方财政事权和支出责任划分改革的指导意见》，提出了中央与地方财政事权和支出责任划分改革的指导思想、总体要求和划分原则，并指出了改革的主要内容。2018年国务院办公厅发布《基本公共服务领域中央与地方共同财政事权和支出责任划分改革方案》《医疗卫生领域中央与地方财政事权和支出责任划分改革方案》；2019年国务院办公厅发布《教育领域中央与地方财政事权和支出责任划分改革方案》《科技领域中央与地方财政事权和支出责任划分改革方案》《交通运输领域中央与地方财政事权和支出责任划分改革方案》；2020年国务院办公厅印发《生态环境领域中央与地方财政事权和支出责任划分改革方案》。上述方案的陆续出台，极大地推进了中央与地方财政事权和支出责任划分改革，为建立稳定的政府间财政关系奠定了基础。

如果说中央或高层次政府对于支出责任问题的偏好是下放，那么它们对于收入问题的偏好则是集中。换句话说，就是要保证中央或高层次政府手中有充足的财力来影响下级政府的活动。这可以从1994年分税制改革时"提高中央财政收入占全国财政收入的比重"及各省级政府纷纷参照中央政府的做法提高自身财政收入在全省收入中的比重看出端倪。因此，政府间财政关系建设的最紧要处是清晰而稳定，而在单一制和集权传统下能够打破这个桎梏的手段是法治化，即通过财政基本法等相关法律制度来固化各级政府间的财政关系，避免相互间的机会主义行为。

要构建权责清晰、财力协调、区域均衡的政府间财政关系，必须构建起合理的转移支付制度。无论是共享模式还是彻底分税的模式，各国中央或联邦政府都集中了较大规模的财力，而这么庞大的财政收入规模超出了中央或联邦本级支出的资金需求，因而需要通过转移支付渠道下拨给各级地方政府。即使像美国这种实行彻底分税制的国家，州级政府财政支出的资金也有50%左右来源于联邦政府的各种转移支付。事实上，经济发展水平差异越大的国家，其转移支付的规模就越大，而越来越大的转移支付则往往引起地区间的社会经济矛盾。因此，转移支付的初期目标是基本公共服务的均等化，但更长期的目标应该是地区间的均衡发展。总体来看，"权责清晰"的核心是合理划分政府间事权与支出责任，"财力协调"的核心是合理划分政府间税收收入与其他收入，而"区域均衡"的核心是构建纵向和横向相结合的转移支付制度。转移支付制度是事权与财权划分的兜底机制，重在削减纵向与横向的财力短缺矛盾，从而为地方税体系建设提供良好的外部环境。

第六章 现代国家治理与地方税体系建设:路径选择

第一节 货劳税制度建设的路径选择

货劳税是我国税收收入的主要来源,对国家财政体系的运行,以及地方政府治理能力的提升具有举足轻重的作用。由于货劳税的征税对象或税基是商品和劳务,具有较强的流动性,不合理的征税制度将极大地影响资源优化配置。因此,我国货劳税制度建设的核心是促进统一大市场的建立,保证商品和劳务及相关要素在全国范围内合理流通,打破市场壁垒。由于我国目前不仅对生产流通领域的商品劳务征税,而且对消费或零售环节的商品劳务征税,因而需要将主要货劳税界定为共享税。同时,我国应当启动按消费地原则征收或分享的货劳税制度改革,促进各地经济结构的转型,实现从生产导向到消费导向的经济增长转变。对于其他货劳税而言,由于其地域性明显,税基流动性相对较弱,可以将其框定为完全意义上的地方税,并在省市县之间分享。总的来说,货劳税制度的基本特征是分享,要么是中央与地方之间的分享,要么是省与市县之间的分享。

一 增值税制度优化的路径选择

1. 增值税的起源与演进

1954年法国正式开征增值税，旨在消除产品税或周转税所产生的重复征税问题；并在随后的较短时间内迅速风靡各国，成为欧洲及其他主要国家最重要的货劳税制度。在增值税的实践过程中，各国对增值税进行了优化和完善。其中，新西兰自1986年开始实施现代型增值税，对国内消费的商品和劳务实行普遍征收，是征税范围最完整的增值税，并与消费税配合形成最佳商品劳务税收制度结构。新西兰货劳税制度实行单一税率，大大降低了因税率划分带来的复杂性；并实行目的地征税原则，避免重复征税，便利货物劳务的流通。国际税制专家认为，现代型增值税具有税制简化、机制严密、对经济扭曲最小、征纳成本最低、易于管理等特点。特别是现代型增值税确立了科学的注册标准，标准以上的均按照增值税办法纳税，而不达标准的则实行免征办法，有利于对低收入者实施必要的扶贫政策。

2. 增值税的实施与"营改增"

我国自1979年开始引入增值税试点，并于1994年建立起生产型增值税制度，对进口和生产销售相关产品实行道道课征。增值税制度的建立为我国分税制的确立和社会主义市场经济制度的建构奠定了基础，并进而推动了我国较长时期的经济增长。但是生产型增值税存在重复课税与抵扣链条不完整的局限，不利于我国产业结构的优化与升级。为此，我国于2003年启动了生产型增值税的转型，并于2009年成功转型为消费型增值税。1994年我国建立分税制度时，为了保证分级分税财政体制的顺利实施，对增值税按照75∶25的比例在中央和地方之间进行划分,从而确立了分税分享制度的核心框架。

2008年国际金融危机以后,我国产业结构优化和升级的压力进一步加大。为加快第三产业发展并推动产业内部的分工和细化,我国于2012年初开始在上海推行"营改增"试点,将现代服务业及相关产业纳入增值税的课征范围,完善抵扣链条。2016年5月,我国将原营业税课征范围内的所有行业全部纳入"营改增"试点,从而实现了增值税对所有商品和劳务的全覆盖。同时,为缓解由于营业税停征后地方税收入来源减少带来的财政压力,我国优化了增值税的分成比例,从过去75∶25的比例调整为50∶50。2017年至2018年我国通过减少和合并税率档次,实现了四档税率向三档税率的转变。现行税率为基本税率13%,低税率9%和6%。

3. 增值税改革与"零售税"的探讨

"营改增"实现了我国增值税的全面扩围,对减轻现代服务业的税收负担、振兴现代服务业发展,并推动我国经济结构的转型升级具有非常重要的意义。2017年至2018年的两次增值税税率简并进一步完善了增值税制度。下一阶段,增值税制度的优化要重视两个方面:一是要建立现代增值税制度,促进我国产业结构升级,进而构建现代税收制度;二是要为中央和地方政府间财政关系的优化提供条件。

学界在讨论增值税改革及地方税建设的过程中曾提出一个方案,即将增值税改造为两个税种,一是降低增值税率,改造为中央税;二是开征零售税,作为地方主体税种。比如,楼继伟(2013)提出降低增值税的税率,并将其改造为中央税,同时允许地方在不超过原增值税分享额度内开征零售环节销售税。吕冰洋(2013)认为,地方税的主体征税环节应当从生产环节转向消费环节。高亚军等(2015)认为,我国可以借鉴美国的做法开征零售税。

开征零售税并将其作为地方主体税种,对于完善中央与地方财政关系是一个非常好的建议,至少我们看到美国开征零售税在很大程度上解决了州级政府的财政收入来源。但美国没有开征增值税,因而不存在与增值税重复征税的问题。有学者提出,将增值税的征收环节限定在生产和批发环节,从而将零售环节流转税(零售税)让渡给地方政府。但在实行增值税的条件下,增值税的抵扣无法延续到零售环节,实际上在一定程度上再次切断了增值税的抵扣链条,这与现代增值税制度的发展方向是背道而驰的。特别是,我国尚未建立起零售环节的税收监控体系,在零售环节建立独立的税收征管系统将会产生高昂的征管成本。因为在我国现金使用量较大的格局下,零售环节的偷漏税将变得非常容易,这可以从大量的街边小店微薄的纳税额探寻相关问题的症结。

如果不能建立完整的零售税,那么完善增值税分享制度将成为优化中央与地方财政关系的着眼点。实际上,我国已于2016年将增值税的分享比例从75∶25调整为50∶50,从而在一定程度上缓解了营业税停征后地方财政收入锐减带来的矛盾。因此,从这个意义上讲,增值税制度优化的核心是以消费地收入分享为导向构建现代增值税制度体系,保证各个链条上的抵扣得以实现,并逐步降低增值税的税率档次及实际税率,降低增值税的征管成本及其对实体经济的超额负担影响。建立维护市场统一的增值税制度框架,不仅要消除相关行业性和区域性的歧视性制度规定,而且要促进商品和要素的低成本自由流通。

二 消费税制度优化的路径选择

消费税制度的优化取决于消费税在我国税收制度体系中的定

位。根据近年来国内对消费税主题的讨论,其主要涉及四个问题,即对哪些消费品征税?按照什么样的税率征税?在什么环节征税?归属于中央税还是地方税或共享税?

1. 消费税制度如何完善?

按照1994年税收制度设计及2005年征税范围的调整,目前消费税的征税范围大致包括四个方面:一是过度消费会对人身健康、社会秩序和生态环境造成危害的特殊消费品,二是非生活必需品或奢侈品,三是高能耗及高档消费品,四是不可再生和替代的稀缺资源消费品。目前,我国现行消费税对上述项目均有所涉及,但涵盖的层次和内容尚不够丰富,效果仍不够显著。比如,我国对珠宝玉石、高档手表、高尔夫球及球具、游艇、化妆品等征收消费税,试图控制收入分配差距,但效果并不理想。是否需要进一步扩大高档消费品的范围,提高其适用税率,在学界尚未达成一致意见。尽管名义上消费税具有一定的收入分配调节作用,但在货物流通国际化加速的格局下,提高国内消费税的税率仍可能将该部分消费挤出到国外市场。近年来不断兴起的奢侈品代购在一定程度上印证了上述判断。从这个意义上讲,我们不能想当然地扩大消费税的收入分配功能,而必须回归消费税的本来面目。

我国对不可再生资源如成品油征税,在一定程度上具有控制环境污染的作用,但在我国汽车工业大发展的格局下,试图简单地通过对成品油征收消费税来控制环境污染是难以实现的,或者说,我国汽车工业发展与环境控制之间的矛盾正不断凸显出来。从某种意义上讲,汽车工业的发展已经在一定程度上绑架了国民经济的发展和地方财政收入的增长。因此,我国不仅需要对成品油、小汽车、摩托车、汽车轮胎等征税,而且需要采取相关的措施控制汽车工业的盲目发展；不仅需要对上述产品征收消费税，而且需要根据其产生的环境污染情况征收较高的补偿性消费税。事实上，我国不断加大电动汽车的发展，也在一定程度上降低了国民对燃油汽车的依赖，对实现环境保护有非常正面的作用。另外，还要考虑进一步扩大对不可再生资源的征税范围，对不可降解塑料制品等产品课征消费税，保证环境质量。

我国对过度消费影响身体健康的相关产品（烟酒等）征税以保护居民健康，但居民对烟酒的消费量却不断增加，说明现行消费税政策在一定程度上是失败的。我国虽于2005年批准加入了《烟草控制框架公约》，但截至目前我国依然是世界最大烟草生产国和消费国。我国吸烟人数超过3亿，我国15岁以上的人群吸烟率为28.1%，7.4亿非吸烟人群遭受二手烟的危害；每年死于吸烟相关疾病的人数达到136.6万，约10万人死于二手烟的"暴露"导致的相关疾病。[1] 要注意的是，尽管提高烟草的消费税率能够提高其价格水平并在一定程度上控制其消费量，但由于烟草消费成瘾难以戒除，提高消费税率仍可能会导致低收入烟民的烟草支出进一步增加。这不仅没有控制烟草消费，反而会降低其实际收入水平并扩大收入差距。与之相似的是，白酒行业的消费税也未能控制不断飙升的消费规模，而真正起到控制作用的不是消费税而是中央的"八项规定"。白酒行业在产制环节征收消费税，未能有效提高零售价格中的消费税比重，需要将其征税环节后移至零售环节，从而真正达到控制白酒消费量的目的。

总体来看，我国消费税的征税范围需要进一步扩大，要逐步将

---

[1] http://health.sina.com.cn/news/2014-12-11/0746160178.shtml.

高耗能、高污染产品及部分高档消费品纳入征收范围；在税率设计上，对奢侈品及高档消费品的税率标准不需要一味地提高，对不可再生资源产品的税率可适度提高以匹配其所造成的污染水平，对烟酒等消费品的税率可适度提高以控制消费水平，对于那些以财政收入为目的的税目完全可以就地取消。换句话说，消费税的改革重点是提高对消费行为的调控能力，其目的是"寓禁于征"而不是获得较高规模的财政收入。

2. 消费税应当改为地方税吗？

对于消费税的归属，赖勤学（2013）、林颖和欧阳升（2014）、吴希慧（2014）等认为在"营改增"之后可以将其改造为地方税的主体税种。学界也有部分学者对此表示反对。比如，尹音频和张莹（2014）认为消费税不适合作为地方税，但可以改为共享税以增加地方税收收入。杨志勇（2014）分析了消费税改革的趋势，认为消费税不能替代营业税成为地方主体税种的地位，地方税的完善应主要通过增值税和消费税的共享来解决。林继红（2015）认为可将消费税改为共享税从而增加地方政府收入。韩仁月和常世旺（2017）调查分析了消费税成为地方税的可能性，认为酒类消费税不适宜改为地方税。

从现有研究来看，部分学者认为消费税适合作为地方税，主要基于两个特征事实：一是消费税规模较大，能够在一定程度上弥补"营改增"的缺口；二是部分国家确实将部分特别消费税作为地方税处理。从各国实践来看，仅有美国和日本将部分特别消费税作为地方税，而其他国家则将特别消费税作为中央（联邦）税收收入（见表6-1）。

表6-1　　　　　　　　世界主要国家消费税的归属权比较

国别	税种归属权	中央的征收对象	地方的征收对象
美国	联邦（中央）、州和地方征收	酒、烟草、交通（船舶）运输燃料、煤炭、垃圾堆积、有害物质、臭氧损耗、机场、航线、高速公路通行、奢侈税、糖等	酒、烟草、燃油等
日本	中央、地方征收（地方征收部分由中央税务部门代征）	酒、烟草（包括特别烟草税）；石油、汽油、液化石油气、航空燃料、矿产品、电气、轻油传输、动力资源开发；车辆船舶购置、糖、木材运输等	地方（都、道、府县）烟草税、柴油税、高尔夫球场使用税、地方道路税等
德国	中央征收	酒（酒精、啤酒、香槟酒等）、烟草、矿物油、能源（动力）、盐、糖、饮料、电灯、火柴等	
英国	中央征收	酒（啤酒、葡萄酒、烈性酒、苹果酒等）、烟草、烃油（燃油）、垃圾填埋、气候变化、采石、车辆、航空旅客、赌博和游艺税等	
法国	中央征收	酒、烟草、贵金属、首饰、艺术品、收藏品、古董、金银制品、燃油、煤、天然气、洗衣粉、洗涤剂、杀菌剂、电视服务、糖、矿泉水、火柴、打火机等	
韩国	中央征收	酒、烟草、贵金属、首饰、高档家具、皮具、手表、燃油、汽车、高档食品、天然气、赛马场、老虎机、高尔夫球场、赌场、酒吧等	
俄罗斯	中央征收	酒（包括含酒精产品）、雪茄烟和香烟、汽车、石油制品、天然气、珠宝首饰、冰箱、化妆品、某些种类的矿物原料等	

资料来源：国家税务总局税收科学研究所：《国外税制概览》，中国税务出版社2009年版；李林木、黄茜：《借鉴国际经验完善我国消费税政策》，《涉外税务》2010年第5期；转引自尹音频、张莹《消费税能够担当地方税主体税种吗？》，《税务研究》2014年第5期。

实际上，中国的消费税与西方国家的特别消费税存在较大的差异。除各国常规征收特别消费税的烟酒燃油等外，我国还对鞭炮焰火、高档化妆品、贵重首饰及珠宝玉石、小汽车、摩托车、高尔夫球及球具、高档手表、游艇、木质一次性筷子、实木地板、电池、涂料等征税。这个征税范围比主要国家的特别消费税要大一些。同时，与主要国家采取消费地课税的特别消费税相比，我国消费税对主要征税对象采取生产地课税的原则，从而导致消费税较少体现受益原则。在现有征税范围中，仅对金银首饰实行零售环节课税，对卷烟实行生产环节和商业批发环节同时课税，而对其他征税对象则实行生产环节课税。在生产地课税的条件下，我国消费税的税源分布极不均衡，特别是烟酒生产地的税源较为丰硕，而其他地区的税源则相对较少。比如，我国云南、贵州、四川等地的卷烟和白酒生产规模较大，消费税税源相对丰富，而国内其他地区的消费税税源则相对较少。如果将消费税的税源进一步落实到县级行政单位，那么这种不均衡将更为明显。事实上，1994年分税制改革时将消费税界定为中央固定收入，其重要原因就在于避免各地增设烟酒等生产企业，减缓各地抢夺消费税收入的矛盾。在生产地征税的条件下，如果将消费税划为地方税则可能形成贸易壁垒，导致相关商品的自由流通受阻。这对于完善我国社会主义市场经济体制是极为不利的。

2019年9月，《国务院关于印发实施更大规模减税降费后调整中央与地方收入划分改革推进方案的通知》（国发〔2019〕21号）提出，后移消费税征收环节并稳步下划地方[①]，国家"十四五"规

[①] 《国务院关于印发实施更大规模减税降费后调整中央与地方收入划分改革推进方案的通知》要求，按照健全地方税体系改革要求，在征管可控的前提下，将部分在生产（进口）环节征收的现行消费税品目逐步后移至批发或零售环节征收，拓展地方收入来源，引导地方改善消费环境。具体调整品目经充分论证，逐项报批后稳步实施。先对高档手表、贵重首饰和珠宝玉石等条件成熟的品目实施改革，再结合消费税立法对其他具备条件的品目实施改革试点。改革调整的存量部分核定基数，由地方上解中央，增量部分原则上将归属地方，确保中央与地方既有财力格局稳定。

划也提出要推进消费税征收环节后移并稳步下划地方，从而给消费税收入分享改革指明了方向。需要注意的是，尽管国发〔2019〕21号文件已经颁发4年多，但除高档手表、贵重首饰及珠宝玉石等税目的相关产品原已在销售环节征税之外，尚未能在其他税目上实现销售环节征税，也未能将相关税收收入下划地方政府。要真正实现消费税下划地方，至少需要将消费税征收环节后移至消费环节，实现消费地导向的消费税征管制度。换句话说，消费税下划地方必须结合消费税主要征税对象的流通制度来完善其征管制度。

现实来看，我国也具备建立消费地导向征管制度的客观条件。比如，烟制品实行专卖制度，中烟集团及烟草专卖局能够很好地监控烟制品的流向，将其征税环节从生产批发环节改为消费环节并无根本性的困难。成品油的零售商大多是增值税的一般纳税人，税务部门对其税源的监控能力较强，改由零售环节课税没有技术问题。相似地，小汽车的销售大多通过各自的4S店来实现，其税源监控相对比较容易。大部分酒类产品一般建立区域性经销商制度，即划定单一的消费地为销售区域，如果以此为基础建立课税制度，则能控制住酒类商品的零售环节税源。我国消费税收入主要来自烟、酒、成品油和小汽车四个税目，如果能够在这四个税目上建立消费地导向的税收征管制度，就能够较好地实现消费税征税环节的后移。如果考虑到高档手表、贵重首饰及珠宝玉石已经在零售环节课税，消费税实现零售环节（消费环节）征税也是具有较强现实性的。既然消费税能够在零售环节课税，消费税收入下划给地方，或由中央与地方以及省与市县之间分享消费税收入，就比较容易了。如果考虑到中央与地方之间的支出责任与财力现实，将消费税作为中央与地方之间的共享税是合适的，并对地方分享部分在省与市县之间进行分享，从而建立各级政府间的相容性激励制度。

三 资源税制度优化的路径选择

2021年我国资源税收入为2288.16亿元,其中地方税收入为2230.32亿元。① 资源税收入是地方财政收入的重要来源,且资源税构成了地方税体系的重要组成部分。为此,进一步优化资源税制度并为地方政府提供更为丰富的财力支撑是非常必要的。需要注意的是,尽管资源税属于地方税体系的范畴,但由于资源的非均衡分布,如果将其下划到市县级财政收入则可能进一步加剧地区间的财力不平衡。换个角度讲,如果地方政府过度依赖资源性收入,则可能诱致其放弃对其他产业的发展及升级换代,最终导致地区经济落入资源性陷阱。实际上,国内部分资源枯竭地区的困境证明,资源税及相关收入不能下放给市县财政,而应当由较高层次的政府掌控。鉴于我国现实的财政经济格局,笔者认为将资源税收入全部划归省级财政是比较合理的。

经过较长时期的改革,我国资源税已经基本完成了从量计征到从价计征的转变。下一阶段的改革主要涉及两个问题:一是征税范围的扩大,二是税率的提高。根据资源税的课征目的可以分为一般资源税和级差资源税。前者针对土地、矿藏、水流、森林、山岭、草原、荒地、滩涂等国有资源,就其使用者取得应税资源的使用权而开征;后者仅对资源开发者因自然条件的差别所取得的级差收入而课征。一般资源税实行普遍开征,体现有偿使用(开采),重点是加强资源的管理和合理利用;级差资源税的重点是调节资源的级差收入。我国目前的资源税属于级差资源税的范畴。

---

① 数据来源:2021年全国财政决算相关表格。

征税范围的确定或扩大，核心是选择何种性质的资源税。如果是选择一般资源税，我国则需要将水流、森林、荒地等一般意义上的自然资源纳入资源税的征税范围；如果是选择级差资源税，则可根据现有资源税的征税范围或税目进行适当调整①，而不作较大范围的修订。现实地看，我国现阶段资源税的重点依然是调节级差，尚无法对国内全部一般意义上的自然资源进行普遍性征税，故而征税范围不宜扩大过多，实现节约资源和保护环境的目标需要通过税率等要素优化来完成。

在级差资源税的条件下，税率优化的重点，一是合理确定各地各类资源的级差收入，二是如何利用税率来促进资源节约和保护环境。显然，合理确定各地各类资源的级差收入是有一定困难的，除探矿可以在一定程度上了解各地各类资源的品位之外，具体的级差收入更多是资源方的商业秘密，因而从级差收入的角度确定税率需要较大的弹性空间，由各地方财税管理机构与自然资源管理机构协商确定。在现行的资源管理方式与资源税征收条件下，诸多资源开采使用方存在明显的"采肥弃瘦、采厚弃薄"现象，回采率偏低，资源浪费比较严重。税率的优化必须在一定程度上缓解上述资源浪费问题，要对伴生矿、共生矿、衰竭期资源、边角资源及回采资源执行优惠税率，鼓励资源的合理开发开采。

另外，资源税制度的优化必须处理好与消费税及环境保护税的关系，处理好资源税收入的划分问题，实现调节级差、节约资源、保护环境的目标，进而推动经济结构和经济增长方式转变。特别是资源开发开采必然会产生一定的环境破坏，其补偿是通过资源税本

---

① 《中华人民共和国资源税法》（2020）确定的税目包括能源矿产、金属矿产、非金属矿产、水气矿产和盐等。

身来实现还是通过环境保护税（费）或其他手段来规制，需要国家层面的统筹考虑。2018年我国正式开征环境保护税，但主要是对传统环境保护费的替代，尚未过渡到现代环境保护税的范畴。因此，下一阶段我国尚需进一步协调资源税与环境保护税及相关税种的关系，并为地方政府筹措适度的财政收入。

四 城市建设维护税制度优化的路径选择

《中华人民共和国城市维护建设税暂行条例》规定，城市维护建设税的目的在于"加强城市的维护建设，扩大和稳定城市维护建设资金的来源"，故而属于特定目的课税，但该暂行条例同时规定，其收入使用"具体安排由地方人民政府确定"。在实践层面上，地方政府没有强调城建税收入的专款专用，故而与其他税收的性质并没有什么差异。另外，城市维护建设税以增值税和消费税的应纳税额为基础加以征收，属于附加税。现实地看，城市维护建设税的收入规模并不小，2021年城建税收入为5216.95亿元，列全国税收收入第7名。相较而言，城市维护建设税的收入规模比资源税要大得多。从这个角度上讲，完善城市维护建设税对地方税体系的建设具有非常重要的意义。

城市维护建设改革有两个要点，即是否保留其特定目的课税的面目、是否保留其附加税的面目。实际上，城市维护建设税的长期实践已经弱化了其特定目的课税的性质，从而在实质上成为一般目的课税。为此，2020年8月公布的《中华人民共和国城市建设税法》，没有再提及为城市维护建设征税的目的，从而实现了从特定目的课税向一般目的课税的转变。

但城市维护建设税法没有明确修改其附加税的性质，仍然是以纳税人实际缴纳的增值税、消费税税额为计税依据。现实的困难在于如果从附加税转变为正税，那么其征税依据是什么？是按照货物劳务的销售收入还是商业活动的利润来征收？其实，无论是从哪个角度来征收都将会与现有税收制度体系形成重复征税。从减税降费和降低货劳税的角度来看，不断减轻商务活动的城市维护建设税负担有助于经济结构的调整和转型，故而有必要逐步降低城市维护建设税的税率并直至取消城市维护建设税，由此产生的地方税收入缺口则通过中央转移支付和地方财政自有财力共同承担。另一种思路是将城市维护建设税制度的优化与财产税改革结合起来，即将受益税性质的城市维护建设税内化入房地产税体系，其实质依然是取消城市维护建设税。当然，比较现实的做法是继续保留城市维护建设税的附加税性质，而这也是城市维护建设税法所采纳的方式。

第二节　财产税制度建设的路径选择

财产税是地方财政收入的重要来源，是市县级地方税体系建设的核心税种。我国的财产税主要包括房产税（或房地产税）、城镇土地使用税、车船税、契税[①]、遗产税和赠与税等税种。其中，尤以房地产税制度受到各界的广泛关注。

一　房地产税制度优化的路径选择

我国现行的房产税制度是根据1986年国务院颁布的《中华人民共和国房产税暂行条例》建立起来的，其以房屋为征税对象，以

---

① 也有部分学者将契税归入特定行为税。

房屋的计税余值或租金收入为计税依据，向房屋产权所有人征收。随着我国房地产市场不断发展壮大，地方财政对房地产相关税费的依赖程度不断上升，特别是党的十八届三中全会明确提出，"加快房地产税立法并适时推进改革"。2021年，全国人民代表大会常务委员会授权国务院在部分地区开展房地产税改革试点工作。在这样的背景下，学界及实务界对房地产税制度改革的呼声渐隆。那么，如何改革和完善房地产税制度以优化税制结构，并回应社会对收入分配、经济调控和地方税体系建设的需要呢？实际上，房地产税制度的优化必须回答以下几个问题：房地产税制度改革到底是小改还是中改，抑或是全面重构的大改？房地产税在地方税体系中能够起什么样的作用？房地产税是否需要承担调节房地产市场运行的职能呢？

1. 房地产税的法治化

尽管我国近年来对房产税或房地产税进行了多个层次和角度的试点，但是房地产税的正式开征仍必须先行通过立法过程。房地产税的法治化既是我国《立法法》的要求，也是税收法定主义的具体体现，更是房地产税改革进程公开透明的基本要求。我国的国民经济和社会发展"十四五"规划也明确提出"推进房地产税立法"。现实地看，房地产税直接课征于普通民众，因而对其税负具有直接的感受。因此，无论是我国的普通民众还是西方国家的普通民众，对房地产税的开征及相关要素的调整都非常敏感。在西方国家，房地产税及其他财产税的改革常常成为一届政府下台的导火索。从根本上讲，房地产税及其他财产税的改革是优化税制结构的一次重要契机，有助于将我国从严重依赖对企业征税转变为对家庭居民征税。但是家庭居民对流转税及企业所得税负担的痛感并不直接，却对房地产税及个人所得税负担有直接的痛感，故而对其具有天然的敌意。为此，我国对房地产税改革必须建立在广泛征求民众意见的基础之上。同时，我国需要对广大民众进行广泛的税收教育和宣传，让普通民众对房地产税的改革有深刻的认识。换句话说，房地产税的开征不仅是地方政府优化筹资渠道的过程，更是地方政府进一步公开透明，提升政府治理能力的过程。房地产税的开征还必须有助于日后的政府运行接受民众更直接的监督。毕竟，普通民众直接缴纳了大量的房地产税，其更希望对政府运行的各个方面产生直接的影响。

2. 房地产税与各税种之间的整合

按照我国现行制度设计，房地产税费主要包括房地产开发环节、转让环节、占有环节、租赁环节等方面的税费。其中，开发环节涉及的税费主要包括增值税、城镇土地使用税、企业所得税、土地增值税、土地出让金及相关规费；转让环节涉及的税费主要包括增值税、契税、印花税、企业所得税（或个人所得税）及相关证照和中介费；占用环节涉及的税费主要包括城镇土地使用税、房产税等；租赁环节涉及的税费主要包括房产税、增值税、企业所得税（或个人所得税）及中介费等。显然，我国房地产税制度的构建不可能将房地产行业涉及的全部税费统一为一个税种，那么我们可以将哪些在性质上相近的税费进行有效的整合呢？

房地产税制度构建的核心是将现有仅对小部分房产征收的房产税延展至向城乡居民的存量住房及各企事业单位的房产征税。很明显，与房地产活动相关的增值税、所得税及相关证照和中介费用不属于财产税的范畴；契税属于动态财产税的范畴；印花税属于行为税或其他税的范畴，均无法整合进房地产税的框架之内。

按照现行制度体系，城镇土地使用税对城市、县城、建制镇、工矿区范围内使用土地的单位和个人，就其占用的土地面积按照规定的税率征收。城镇土地使用税的征税对象是营利行为（从事经营活动的单位和个人）占用的土地，现行房产税的征税对象主要包括两类，一类是营利行为（从事经营活动的单位和个人）使用的房产，另一类是居民用于租赁活动的居住型房产或住房。如果将同属于静态财产税的城镇土地使用税[①]与现行房产税合并为房地产税，并将其征税范围拓展至所有城镇土地及居于其上的房产，那么不仅可以覆盖从事营利行为所占用的土地及其使用的房产，而且可以覆盖普通居民的非营利性房产（及其附属的土地），即覆盖所有存量性质的土地及房产。此所谓小改的房地产税制度方案。

小改的房地产税制度方案设计将产生一个问题，即如何处理因对普通居民的存量性房产征税而产生的重复征税问题。其原因在于，居民购买住房时已经支付了隐含于房价之内的土地出让金，现在不仅要对存量住房征税而且要对其占用的土地征税，从理论上讲，存在明显的重复征税；从实践上讲，难以说服税负突升的普通民众。因此，有必要将土地出让金整合进房地产税的框架。整合土地出让金有三种模式，一是暂停土地出让金的收取，并仅对新进入市场的房地产征收房地产税；二是暂停土地出让金的收取，并对全部房产（含存量房产和新入市房产）征收房地产税，但对原存量房产给予一定的优惠；三是降低土地出让金的规模或比例，并对全部存量房产征收房地产税，但对原存量房产给予一定的优惠。其中，第一种模式能够获取的房地产税收收入相对有限，不符合调节收入分配差距的基本思想，在短期内也难以满足地方政府的资金需求。第二种模式可以带来较大规模的房地产税收入，但对原有全部存量

[①] 部分学者将城镇土地使用税归为资源税，在一定范围内是可以接受的。但本书认为，在我国开征房地产税而非房产税的格局下，将城镇土地使用税归结为静态财产税的范畴更为合理。

房征税可能带来较大的民众抵触。第三种模式不仅可以带来较大规模的房地产税收入，而且可以获得一定的土地出让金收入，当然也会存在较大的民众抵触。此所谓中改的房地产税制度方案。

大改的房地产税制度方案不仅要整合土地出让金，而且要整合土地增值税及相关建设规费，其整合的重点是开发环节的各项税费。如果土地在出让环节没有所谓的土地出让金，自然就不会产生相应的土地增值额及土地增值税，因此中改方案的第一种和第二种模式很容易过渡到取消土地增值税的模式。学界认为，取消土地出让金和土地增值税能够在很大程度上降低开发综合成本，从而大幅度降低房地产的入市价格，进而为房地产税的开征留足相应的空间，因而纳税人的压力将会大幅度降低。但在我国现有的地方政府收入中，土地出让金和土地增值税的份额较高，全部取消将给地方政府带来较大的筹资压力。进一步讲，在卖方市场条件下的房地产价格均是由开发商及二手市场的卖方控制的，买方无法将其在保有环节需要缴纳的税费逆向转嫁给开发商或卖方，故而开发商或卖方仍然能够获取较高的价格及其利润。一方面，政府未能从土地端取得土地出让金及土地增值税，筹资压力猛增；另一方面，买方未能享受到较低的房地产价格却必须缴纳存量性质的房地产税，福利水平进一步降低。从这个意义上讲，中改方案的第一种和第二种模式及其延伸的大改方案在操作层面上将遭遇较大的障碍，其可行性相对较差。

在城市土地国有制的条件下，开发商及相关主体获得土地使用权不可能是无偿的，因而在获取土地使用权的初始环节是存在一定费用的，但可以大幅度降低土地出让金的规模或比例。土地增值税是以房地产开发环节土地的大幅度增值为基础征收的，其本质属于资本利得税，而不是财产税的范畴，故而全部取消土地增值税缺乏理论基础。换个角度来看，取消土地增值税是否就一定可以降低房地产市场价格呢？显然，房地产市场的价格是由供需双方决定的，而一厢情愿地降低开发商的成本是难以达到应有效果的。虽然不能取消土地增值税，但可以考虑降低土地增值税对房地产综合开发成本的影响，即降低土地增值税的税负率从而控制开发成本的上升，或者说控制综合开发成本中的土地增值税比例。在降低土地出让金及土地增值税规模的条件下，延伸中改方案的第三种模式构成了笔者较为认同的大改方案。

3. 房地产税的征税范围及税率

（1）房地产税的征税范围设计

在众多税制要素中，征税范围的确定是一个非常突出的问题，是对所有房地产征税还是对部分房地产征税？比如，农村房地产是否纳入征税范围？对城镇居民的商品房、房改房、经济适用房等是否同等纳入纳税征税范围？从降低征管难度和提高公平性的角度来看，将农村房地产以外的所有房地产均纳入征税范围更具有公平与正义性。其中，房改房经过一定的程序后业主将拥有完全的产权，其与商品房具有同等的市场地位，故而应与商品房一同被纳入征税范围；经济适用房在过渡期内业主不具有完全产权，可考虑给予一定的优惠，而在一定的过渡期后则应比照商品房纳税。对于其他特殊性质的房地产也可比照经济适用房的处理办法进行。

在确定对全部房地产征税的基础上，是否对部分房地产给予一定的优惠是学界及普通民众非常关心的问题。比如，是否对第一套房产免税、对第二套房减半征税而仅对第三套房产全额征税？或者实行按人均居住面积给予免税扣除？低收入阶层（如低保家庭）及退休家庭是否给予相关优惠或免征房地产税？工业地产与商业地产是否被同等对待，是否对工业地产给予税收优惠？

在居民住宅用房的优惠上,无论是对房地产的套数进行征税(如对第一套房免税、对第二套房减半征税而仅对第三套房全额征税),还是按人均居住面积给予免税扣除都存在一个较大的问题。从法理上讲,房地产税属于受益税,是政府提供公共产品及公共服务的对价,更是基层政府的重要收入来源。如果居民的房地产均分布在同一个区县,从居民的角度来看,经常居住的房地产大多是其所拥有的房产中价值最高的,最有可能被选为免税的房地产,但居民的该套房地产得到的公共服务是所有房地产中最多的,因此对其免税有违受益性原则。如果居民的房地产分布在不同的区县,那么在对部分房地产免税的条件下,到底对哪一套房地产免税呢?从居民的角度上看,他仍然会选择价值最高的那套房子(通常也是经常居住的房子)来免税,这就存在享受公共服务却不纳税,而那些不享受公共服务的房子却要缴税的问题。对于区县政府而言,无论哪个政府都不愿意自己所管辖区域的房地产免税,因为这样会减少其税收收入,由此将产生地方政府间的征管难题。类似地,如果按照人均居住面积给予免税扣除,则会涉及不同房地产的价格不一致,到底先扣除哪套房产的面积,是否对所有房产进行价格加权,再扣除加权后的面积及价值?从这个意义上讲,与其产生如此诸多的征管问题,还不如采用相对简化的思路,即对所有房地产征税且无论居民的第一套还是第 N 套房产都采用相同的计税办法。这与侯一麟、马海涛(2015)认为征税范围内所有的应税房地产均应纳入税基的观点是基本一致的。他们进一步指出,无优惠之公平才是真正意义上的、可持续的公平,可称为"大公平"。另外,居民的第一套房地产(或经常居住房)需要纳税,是居民自身承担了相应的税负;而居民的第二套或第 N 套房地产需要纳税,实际的负税人是租用或实际使用该房产的居民。如果对使用自有房地产的居民免税,而对租用他人房地产的居民征税,从公平正义上是说不过去的。如果居民的房地产既没有自己使用,也没有租赁或借给他人使用,则由业主承担相应的房地产税。这在一定程度上可以增加业主的投资成本,在打击房地产投机的同时有助于提高相应资产的使用率。

(2) 房地产税的税率设计

税率反映了一个税种的征税深度,那么房地产税应该如何设计其税率呢?

首先,房地产税是否采用累进税率呢?尽管累进税率似乎更有利于收入再分配,但世界各国基本上均采用比例税率。从理论上讲,累进税率的房地产税有助于实现收入及财富的再分配,但实际上比例税率也可以在一定程度上实现收入及财富的再分配;而且从征管难度上讲,实行比例税有助于税收征管。因此,笔者认为房地产税应以比例税率为主。当然,如果考虑到房地产之间的差异,那么我们可以设计差别税率,以实现对不同房地产的差别性征税。比如,对普通商品房实行低税率,对高档住房和豪华别墅实行高税率,对房改房、棚改房、回迁房等在基准税率基础上再给予一定的优惠。

其次,房地产税的税率应该多高呢?世界各国的税率大多为0.5%—3%,而我国的税率设计主要考虑两个方面:一是要能够筹集足够的收入以保证合并相关税费项目后地方政府的运行,即以相关税费的收入总额为基准设计相应的税率;二是要考虑普通民众的接受度或承受能力,特别是在征收房地产税的同时降低其货物劳务税负担,保证在微观上居民整体税收负担保持不变,在宏观上实现直接税与间接税之间税制结构的转换。因此,我国房地产税的税率应以较低税率出现为宜,即实行宽税基低税率,逐步培养纳税意识,争取社会认同(周克清,2016)。

最后,对低收入阶层所拥有的房地产,建立相应的税收减免机制。比如，根据相关程序申请税收减免或通过社会保障及转移支付等措施予以解决。这里需要注意的是，对那些拥有高价值房地产而较低现金收入的人群，我们是否对其课税或给予一定的税收优惠呢？笔者建议建立一定的税款缓征机制，即允许该房地产的所有人或使用人在一定期限内暂缓纳税，但在一定的缓冲期后仍然无力履行纳税责任，可建议其换购低价值房地产。通过换购低价值房地产，可以一方面缴纳该高价值房地产的税款，另一方面降低其日常的纳税义务。如果该居民的纳税能力确实非常低下，则可以通过租赁相关房地产的方法来实现其居住权利。若居民不能通过相关机制缴纳税款，则可通过我国现有征信渠道将其纳入失信人名单，进而限制其社会经济活动。由于工业地产与商业地产在享受公共服务的程度及相应的收益率差异较大，不宜采用相同的征税办法，可以考虑工业地产给予较多的税收优惠。

房地产税制度建立起来后，将成为财产税制度的核心税种。学界普遍认为，财产税具有成为地方税主体税种的良好禀赋。其原因在于，财产税的征税对象具有非流动性，社会经济效应具有明显的区域性，税源稳定且具有一定的弹性。从世界各国的实践来看，财产税构成了地方政府的主要收入来源。我国构建的新型房地产税制度囊括了原有的房产税、城镇土地使用税及部分土地出让金和土地增值税的内容，收入规模将今非昔比，将成为市县级地方政府收入的重要支撑。

二 其他财产税制度优化的路径选择

1. 契税制度优化的路径选择

2021年我国契税收入为7427.49亿元，位居全国税收收入的第

5名，在地方税收收入中位居第3名，仅次于国内增值税和企业所得税，甚至高于个人所得税收入①。由此可见，契税在税收制度体系中具有非常重要的地位。我国契税对转移土地和房屋的行为征税，具体来说包括国有土地使用权出让、土地使用权转让（包括出售、赠与和交换）、房屋买卖、房屋赠与和房屋交换。鉴于契税对土地和房屋权属转移征税，故而对我国的房地产市场具有举足轻重的影响。契税作为重要的财产税，其作用是中性的还是调控的呢？其在我国地方税系的重构中应当扮演什么角色呢？

在早期的契税征管实践中，契税属于中性的税收制度，不对土地和房屋权属的转移产生额外的影响。但随着房地产市场不断发展壮大，契税收入规模不断上升，契税开始成为国家调控房地产市场的重要工具。近年来，房地产市场起起落落，契税税率政策也相应地进行了诸多调整，特别是优惠税率的适用对象和时限随着房地产市场的兴旺与衰退而不断变化。当房地产价格不断上扬时，国家收紧契税的优惠政策；而当房地产市场景气度不够时，国家则在一定程度上放宽契税的优惠政策。总体来看，契税对调控房地产市场及其价格、调节居民收入分配差距具有一定的作用，但是不能盲目扩大其作用，毕竟契税的规模相对有限，其征税对象也不够广泛。

契税在我国现有税收体系中属于地方税，但究竟应当属于哪一级地方税呢？是省级还是市县级呢？按照国内契税管理的实践，大部分地方将其作为省市县共享税。实际上，契税对土地和房屋权属的转移征税，具有典型的区域性税收特征，即其影响的地域范围相对较窄，故而应当将其作为市县级地方税，而非省级地方税或省市县共享税。

---

① 数据来源：2021年地方一般公共预算收入决算表。

《中华人民共和国契税法》于 2020 年由全国人大常委会通过，2021 年 9 月正式实施，实现了契税从税收条例（法规）向税收法律的转变，是税收法治化的进步。但契税法主要是对契税条例相关条款的平移，尚未有更大意义的调整和优化，不能不说是一个遗憾。

2. 车船税制度优化的路径选择

车船税是一种典型的静态财产税，是对拥有相关车船而征收的一个税种。我国车船税的征税依据源自 1951 年政务院发布的《车船使用牌照税暂行条例》和 1986 年国务院发布的《中华人民共和国车船使用税暂行条例》，后由国务院于 2006 年发布的《中华人民共和国车船税暂行条例》替代。2011 年，随着《中华人民共和国车船税法》的发布，我国将车船税条例升级为税收法律，并于 2019 年进行了修正。

我国现行车船税法将相关车船按照排量或吨位分为多个档次，实行定额征收。但是，车船税属于财产税，实行定额征收是不妥当的。事实上，车船税作为一种受益性质的财产税，其主要目标是为地方政府筹措相应的财政资金，兼有一定的财富再分配功能，因而按照车船的价值征税更符合财产税的性质。在税基选择上，可以参照房地产税的做法，即按照车船的评估价值征税。在实践中，可以按照保险公司参保及理赔时的车船评估值作为征税税基。我国资源税改革的进程表明，从价计征将比从量计征能筹措更多的财政收入，从而为地方政府的公共服务提供更为扎实的财力基础。与其他财产税类似的是，车船税也主要服务于市县级地方政府，是市县级地方税的主要内容。

3. 遗产税和赠与税制度的构建

尽管世界各国普遍开征了遗产税和赠与税，新中国成立以来我国也多次提议开征遗产税和赠与税，却从未正式实施遗产税和赠与税制度（刘佐，2000）。实际上，遗产税和赠与税对调节收入分配具有非常重要的作用，而且我国在近年的实践中也逐步引入了遗产税的基本做法。比如，我国对个人继承不动产不征税，但对个人转让其继承的不动产则按照个人所得税法中的"财产转让"税目征税，且没有扣除项目。按照学界的普遍研究成果，笔者认为开征遗产税和赠与税的时机已经基本成熟，可以参考国外成功的实践经验构建遗产税和赠与税制度，或建立遗产税和赠与两税合一的综合性遗产税制度。为避免遗产税干扰财产的区域间配置，降低税收征管的难度，遗产税的税制要素需要全国统一，并可参照现行企业所得税的预扣纳税与汇总纳税相结合的制度，即继承人先向遗产坐落地申报预扣预缴，然后向继承人或被继承人所在地申报汇总纳税。从税收收入的归属上讲，遗产税收入主要应归遗产坐落地市县级政府所有，汇总纳税的税收收入归继承人或被继承人所在地政府所有。

第三节 所得税与其他税收制度建设的路径选择

一 所得税制度建设的路径选择

所得税是各国税收制度体系的重要组成部分，在 IMF 和 OECD 的税收收入分类中表现为所得、利润与资本利得税（Taxes on Income, Profits and Capital Gains），在我国主要包括个人所得税、企业所得税和土地增值税（周克清，2017）。通常而言，所得税是国家宏观调控的重要手段，是各国收入再分配的基础性工具，大多由中央掌控而成为中央固定收入。对于我国而言，所得税主要是共享税，中央和地方按照 6∶4 的比例分享个人所得税和企业所得税，而土地增值税则主要由地方政府掌控。大致来讲，所得税制度建设主要是为企业提供公平竞争的市场环境，为国际国内资本的合理配置创造条件；为家庭居民间的收入再分配创造条件，努力实现收入分配的公平化；为国家宏观调控创造条件，努力实现宏观经济平稳运行。同时，完善所得税制度也是优化税制结构的重要抓手。

在个人所得税方面，重点是逐步提高个人所得税收入的绝对额及其占全部税收收入的比重，推动以"综合与分类相结合"为核心的个人所得税改革。1994年以来个人所得税收入的绝对额和相对额均呈快速上升趋势，但其后不断调整工资薪金所得扣除标准的改革在一定程度上减弱了我国不断提高个人所得税地位的努力。为此，我国于21世纪初提出启动以"综合与分类相结合"为核心的个人所得税改革，提升个人所得税在税收制度中的地位，增强民众的纳税意识及民主法制意识，提高个人所得税对居民收入分配的调节作用，矫正非均衡的税制结构。2018年8月31日，我国修订个人所得税法，将工资薪金、劳务报酬、稿酬和特许权使用费所得作为综合所得进行课税，并调整了相应的税率幅度及相关办法，在一定程度上实现了"综合与分类相结合"的改革目标。在新的历史阶段，我国尚需根据新个税的运行情况不断优化税率结构与纳税申报制度，提高征管效率。特别是要根据我国平台经济迅猛发展的客观现实环境，加强对平台经济从业人员的个税征管，提高税务机关的税源监控能力，降低税务机关与平台企业及其从业人员之间的信息不对称，实现对平台经济从业人员个人所得税的应征尽征（周克清、郑皓月，2021）。

改革开放以来，我国逐步建立起差异性的内外资企业所得税制度，对企业间的公平竞争产生了非常重要的影响。内外资企业适用不同的所得税制度给我国的投资环境及经济运行带来较大的负面影响，也不符合所有企业同等享受国民待遇的WTO原则。为此，我国于2008年将内外资企业所得税简并为一套企业所得税制度。我国不断优化企业所得税制度,建立了特别纳税调整制度,完善了总部经济汇总纳税制度,并适当优化了税率结构,基本适应了社会经济发展的需要。但在新一轮世界减税浪潮中,我们仍然需要不断完善企业所得税制度。特别是2020年新冠疫情暴发以后,我国宏微观经济面临重大挑战,保经济主体和产业链供应链的压力较大,急需对企业所得税制度进行优化。第一,适时调低名义税率,提高税负竞争力。2017年美国政府将企业所得税税率降低至20%,其他各国也相继降低了企业所得税税率。为适应社会经济发展的需要,我国也出台了相关措施,对小型微利企业给予了相当多的优惠措施(详见表6-2)。不仅如此,我国还需要适时调低名义税率,将企业所得税名义税率从25%降至20%,将对小型微利企业的税收优惠措施进行固化,将其名义税率从20%直接降至5%—10%,并同时取消现行优惠措施。第二,要适度拓宽税基,发挥税收的引导作用。一方面,要清理和规范税收优惠,避免区域性及地方性税收优惠与变相优惠的泛滥;另一方面,需创新税收优惠制度设计,合理设计加计扣除、投资抵免、加速折旧、递延纳税和减计收入等间接税收优惠方式。

表6-2　　　　　　我国小型微利企业税收优惠措施

序号	文件号	优惠期	应纳税所得额	减计比例(%)
1	财税〔2009〕133号	2010年1月1日—12月31日	3万元以下	50
2	财税〔2011〕4号	2011年1月1日—2012年12月31日	3万元以下	50
3	财税〔2011〕117号	2012年1月1日—2015年12月31日	6万元以下	50

续表

序号	文件号	优惠期	应纳税所得额	减计比例（%）
4	财税〔2014〕34号	2014年1月1日—2016年12月31日	10万元以下	50
5	财税〔2015〕34号	2015年1月1日—2017年12月31日	20万元以下	50
6	财税〔2015〕99号	2015年10月1日—2017年12月31日	20万—30万元	50
7	财税〔2017〕43号	2017年1月1日—2019年12月31日	50万元以下	50
8	财税〔2018〕77号	2018年1月1日—2020年12月31日	100万元以下	50
9	财税〔2019〕13号	2019年1月1日—2021年12月31日	100万元以下	25
10	财税〔2019〕13号	2019年1月1日—2021年12月31日	100万—300万元	50
11	财税公告2021年第12号	2021年1月1日—2022年12月31日	100万元以下	12.5
12	财税公告2022年第3号	2022年1月1日—2024年12月31日	100万—300万元	25

注：从《财政部、税务总局关于扩大小型微利企业所得税优惠政策范围的通知》（财税〔2017〕43号）开始，应纳税所得额的标准突破了《中华人民共和国企业所得税法实施条例》的规定；从《财政部、税务总局关于实施小微企业普惠性税收减免政策的通知》（财税〔2019〕13号）开始，从业人数、资产总额、应纳税所得额标准均发生了较大变化。

1994年我国建立土地增值税制度，目的在于"规范土地和房地产市场交易秩序，合理调节土地增值收益，维护国家权益"，因此土地增值税属于资本利得税的范畴。土地增值税是地方政府的重要收入来源。2021年全国土地增值税规模达到6896.02亿元，均为地方税收收入，其收入规模居地方一般公共预算收入的第4名，仅次于国内增值税、企业所得税和契税。关于土地增值税的优化，主要有两个路径：一是全面取消土地增值税，并通过房地产税来弥补其资金缺口；二是改造土地增值税并降低其税收负担，而剩余部分的负担则并入后续开征的房地产税。现实地看，全面取消土地增值税并不完全可取。从理论层面上讲，土地开发环节过高的利润率确实需要调节，土地增值税承担资本利得税的功能是有理论依据的，尽管其与企业所得税在实质上构成了重复征税。其实，我国曾于1996年对烟草商业企业按照税后利润的15%征收烟草专营利润收入，其实质也是对其过高的利润率进行调节。即使是现在，我国也对卷烟的商业批发环节征收11%的消费税（另按0.005元/支的定额税率进行征税）。从操作层面上看，2021年我国土地增值税规模达到6896亿元，是地方财政收入的重要来源。考虑到新冠疫情暴发以来，地方财政收入锐减，对地方财政运行造成的冲击，如果贸然取消土地增值税则可能会对地方财政收支造成较大的困难。因此，总体上我们更倾向于采取第二种方案优化土地增值税。

二 其他税收制度建设的路径选择

除货劳税、所得税和财产税之外的所有税种可以归入其他税，主要包括环境保护税、印花税、耕地占用税、固定资产调节税、屠宰税、筵席税，等等。其中固定资产调节税、屠宰税、筵席税已经先后停征，因此，其他税收制度建设的重点是环境保护税和社会保障税。

随着我国环境容量不断突破上限，环境质量不断下降，环境保护问题日渐成为政府、学界和普通老百姓非常关心的话题。党的十八届三中全会多次提及要通过相关手段改善环境质量。比如，报告要求"完善环境治理和生态修复制度，用制度保护生态环境"，

"建立生态环境损害责任终身追究制","建立和完善严格监管所有污染物排放的环境保护管理制度，独立进行环境监管和行政执法"。为了实现上述目标，我国于2016年通过了《中华人民共和国环境保护税法》，并于2018年正式实施。《中华人民共和国环境保护税法》的通过与实施对有效保护生态环境、实现我国的"双碳"目标和可持续发展具有非常重要的意义。但从目前来看，环境保护税还主要是环境保护费的平移，税目相对较少，对各税目所适用税额也难以做到科学性。下一阶段，我国尚需进一步扩大环境保护税的征税范围，更加科学地确定适用税额，减缓我国经济高质量发展中的环境压力。同时，环境保护税属于地方税种，其收入应当按照专款专用的方式进行管理。具体而言，环境保护税应主要归于市县级政府，省级政府可以通过共享的方式适当集中部分收入，用于处理全省范围内的重要环境保护项目。对于中央政府而言，其用于环境保护的项目资金则主要应来自中央公共财政预算拨款，而不应当挤占地方政府的环境保护税收入来源。同时，要加强环境保护税的征收管理，提升纳税人的遵从度，切实推动各类经济主体节能减排，降低污染物的排放。第一，要降低环境保护税的税收遵从成本。重点是降低环保计量设备的购置费和第三方监测费，给予设备购置费一定的补贴，或对设备购置费和监测费比照研发费用给予加计扣除。第二，要有效提升环境保护税的税源监控能力。建立高效率的信息共享网络，提高环保税监测数据的准确性，并考虑建立专门的环境保护税征管队伍，提升税务部门监控税源的自主能力（周克清和刘文慧，2019）。第三，加强环境保护税制度与其他涉环境保护相关税收制度的协调，提升相关制度保护环境的合力。

改革开放以来，我国逐步完善社会保障制度，多渠道筹措社会保障资金，形成了多层次广覆盖的社会保障体系，极大地保障了城乡居民基本生活水平。但是,我国社会保障水平总体偏低、覆盖面偏窄、层次多且乱,导致居民社会保障与发达国家相比仍有较大差距。为此,党的十八届三中全会提出要"建立更加公平可持续的社会保障制度",党的二十大报告要求"健全社会保障体系,健全覆盖全民、统筹城乡、公平统一、安全规范、可持续的多层次社会保障体系,扩大社会保险覆盖面"。显然,社会保障税制度的构建是推进社会保障制度建设的重要环节。通常认为,我国至少应将社会保障的统筹层次提高到省级,因而社会保障税收入应归省级财政所有并专项用于社会保障项目。2018年国税系统和地税系统合并,社会保障费改由税务部门征收,为社会保障税制度的构建创造了良好条件。2022年养老保险改由全国统筹,也在一定程度上回应了社会保障提高统筹层次的要求。下一阶段,我国要重点加强社会保障税制度的建设,为更全面保障人民群众的生产生活提供制度保障。第一,要进一步加大社会保障制度的统筹力度,推进多层次社会保障制度的并轨,实现同一地方和同一社会保险项目的统一管理。加大社会保障统筹,消除行业管理,逐步将统筹级次从市县级政府提高至省级政府;建立统一的社会保障管理机构,对全部社会保障项目进行统一管理,提高社会保障资金使用效率。第二,要在较高统筹力度的基础上建立社会保障税制度,以税收管理的刚性和强制性替代现有社会保障资金征缴的软约束。其中,各主要项目要分别确定标准化的纳税人、征税对象和税率等税制要素。在征缴社会保障税的初始阶段,不追求社会保障资金规模的大幅度增加,其核心是规范相关制度,提高民众对社会保障税的认同度。第三,要建立标准化的社会保障项目资金支付框架,切实保障民众的基本生活水平及相应的福利水准。建立社会保障税的目的不是简单的费改税,而是通过建构社会保障税的契机对社会保障制度进行完善,提高相关社会保障项目的支付标准，改善支付流程，实现社会和谐与民众安康。

第四节 政府非税收入制度建设的路径选择

非税收入是我国政府财政收入的重要内容，其对各级地方政府的重要性是不言而喻的。非税收入是各级地方政府的重要收入来源，特别是基层政府非税收入占其可支配财力的比重甚至高达50%以上，但是非税收入的规范性长期为各界所诟病。由此，加强非税收入管理、降低基层政府对非税收入的依赖成为努力的方向。事实上，我国在降低微观经济主体负担时也将重点瞄准非税收入。比如，2016年3月财政部颁布《政府非税收入管理办法》，其核心是规范我国各级政府非税收入的设立、征收和使用。2016年8月《国务院关于开展第三次大督查的通知》（国发明电〔2016〕4号）要求对行政事业性收费、政府定价或指导价经营服务性收费、政府性基金等进行重点督察。总体来看，非税收入制度的建设，一是要规范非税收入的设立、征收和使用；二是要清理不合理的政府性基金与收费制度，实现从费向税的改变。

一 政府收费制度优化的路径选择

政府收费是地方政府的重要收入来源，2021年地方政府收费收入为14810.32亿元，占地方本级收入的比重为13.33%，占地方一般公共预算收入（含上级转移支付）的7.66%。其中，专项收入7654.15亿元，占比51.68%；行政事业性收费收入3724.35亿元，占比25.15%；罚没收入3431.82亿元，占比23.17%。对于县区财政而言，经过"抓大放小"式的国有企业改革后，基层政府不再拥有较大规模的国有企业，因而国有资本经营收入的贡献非常微薄，从而较大程度上依赖政府收费和其他相关收入。正是基于这个原因，基层政府高度重视政府收费收入。

改革开放初期，为提高地方政府积极性，中央政府逐步扩大了"放权让利"的力度；而为了解决地方政府经费不足的问题，中央政府允许地方相关部门向行政管理和社会服务的对象收取一定的经费，从而逐步形成了我国的行政事业性收费制度。行政事业性收费制度对解决地方政府行政事业经费短缺、提高地方政府积极性具有很好的作用，推动了我国社会经济各项事业的发展。但是，由于政府性收费项目繁多、收费标准混乱，在较大程度上加大了微观经济主体的负担，成为社会经济发展的重要障碍。特别是20世纪90年代后期我国的各项政府收费非常混乱，严重影响了社会主义市场经济体制的建立与健全。因此，我国在21世纪初启动了清费立税的改革，在较大程度上规范了政府收费制度。但是，随着我国社会经济形势的变迁，经济进入全面转型的新常态时期，经济增长速度明显下降，而各国经济恢复尚待时日，我国宏观经济稳定与微观企业发展面临更为艰巨的挑战。为此，我国不断推出减税降费措施，试图提高微观企业的国际竞争力。比如，我国于2012年开始在部分地区和部分行业试点"营改增"，并于2016年全面实行"营改增"。同时，我国还推出政府收费清单制度，大幅度取消各种不合理的政府收费，降低企业税费负担。特别是2020年新冠疫情暴发以来，政府更是不断加大减税降费的力度，对政府收费进行了更为全面的清理。

尽管我国政府收费制度改革取得了良好的效果，企业负担明显减轻，但对于实现我国经济转型和可持续发展来说还是不够的，与建立完善的税费制度仍然存在一定的差距。我国还需要进一步完善政府收费制度，降低企业负担，形成合理的地方政府治理机制。

第一，进一步清理我国现有各项政府收费制度，主要涉及行政事业性收费、专项收费和罚没性收费。对各项收费制度要审视其合法合规性，如果缺乏有效的法律依据，则需要对其进行清理。现有各项收费制度是由国务院和各省（市、区）及其相关部门设立的，其法律依据是否充分需要进一步论证。尽管我国不断取消相关收费项目，但仍未完全解决收费制度的法律依据，没有从理论高度上说明为什么要收这些费、为什么要取消另外一些费。因此，我国需要在清理过程中进一步明确收费项目及其法律依据，进一步降低地方政府对收费性收入的依赖。

第二，进一步加强清费立税工作，将具有税收性质的收费项目转换为相关税种。比如，我国多年来一直由税务部门征收教育费附加和地方教育费附加。当年设立教育费附加的目的在于为农村教育筹措经费，后扩展为中小学教育提供资金支持。实际上，教育费附加具有完全意义上的税收性质，既不涉及政府行政部门提供的管理性服务，又不涉及政府事业单位提供的事业性服务，完全可以通过立法转变为相应的税种。

第三，强化政府收费的受益性质，保证相关服务对象能够切实感受到政府服务带来的好处，同时通过收费排除对政府服务的滥用。要说明的是，尽管政府收费的目的是为社会公众提供更好的服务，但政府收费收入仍应当尽可能地避免被相关部门所把持。在我国现有体制下，尽管各项政府收费收入已经实行"收支两条线"管理，但资金的实际使用权大部分仍然掌控在各相关部门手中，或者说仍然存在政府收费的部门化问题，这不利于政府收入的统筹使用。

二 政府性基金制度优化的路径选择

政府性基金是指各级政府及其所属部门根据法律、行政法规及有关文件规定，为支持公共事业发展，向公民、法人和其他组织无偿征收的具有专项用途的财政资金。政府性基金属于非补偿性的收入，由政府凭借行政管理权力强制地、无偿地征收，是比较典型的"准税收"。公众比较熟悉的政府性基金有国有土地使用权出让资金（以下简称土地出让金）、国有土地收益基金和彩票公益金等。2021年全国政府性基金收入98024.17亿元（地方政府性基金收入93936.48亿元），其中，土地出让金收入84977.85亿元，城市基础设施配套费收入2706.88亿元，国有土地收益基金收入1992.38亿元，彩票公益金收入1060.33亿元，车辆通行费收入993.87亿元[①]。在全国政府性基金收入中，土地出让金数额最大，占比高达86.70%，从地方政府性基金的角度来看，其占比将进一步上升到90.38%。

优化政府性基金制度必须从土地出让金入手。自21世纪初期以来的较长时间内，地方政府的运转高度依赖土地出让金及其他政府性基金，形成了"土地财政"现象。但是，土地资源是非常有限的，可持续性较差，在房地产价格波动时容易导致政府基金收入锐减。特别是我国经济进入新常态之后，新经济和新技术不断涌现，创新创业不断推陈出新，微观经济体的转型与宏观经济结构的调整都对政府收入结构提出了较高的要求，继续依赖"土地财政"既不能为政府提供充分的财政资源，又不能为企业的运转提供良好助力。2017年财政部在门户网站上集中公布了中央和省两级收费目录

---

① 数据来源：《2021年全国财政决算》。

清单，打造了全国政府性基金和行政事业性收费"一张网"。"一张网"之外的收费项目，一律不得执行，公民、法人和其他组织有权拒绝缴纳并向有关部门举报。① 但是，财政部公布的政府性基金和行政事业性收费项目清单与政府收支科目并不能相互印证。比如，教育费附加在政府收支科目中属于政府收费之专项收入，但在财政部公布的清单中则被归入了政府性基金。而政府性基金中较为重要的车辆通行费和彩票公益金，却没有归入财政部2017年公布的政府性基金名单②。因此，我们发现财政部在到底哪些属于政府性基金、哪些属于政府收费（含行政事业性收费）的问题上含混不清，这不利于理顺政府收费与政府性基金之间的关系，也不利于财政部门合理安排相关工作。

为此，我国需要进一步完善政府性基金制度。第一，建立独立的土地基金制度，将土地出让金、国有土地收益基金、农业土地开发资金、新增建设用地土地有偿使用费等纳入一个统一的框架进行管理。由于涉地基金规模庞大，与其他政府性基金相比根本就不在一个量级上，混在一起管理与核算不能体现相关土地基金的特殊性。同时，土地基金制度的设计和管理还需要与房地产税制度的设计相协调，实现税费改革的联动与统筹。第二，进一步完善相关政府性基金的征收依据。从财政部公布的各项政府性基金所遵循的法律依据来看，大多是财政部各司局的文件，少量基金依据国发文件和相关条例，而依据法律设立的基金则少得可怜。清理政府性基金，必须从清理政府性基金所依据的法律文件开始，由于政府性基金属于"准税收"的范畴，按照税收法定的

---

① http://www.gov.cn/zhengce/2017-06/29/content_5206809.htm.
② 在全国财政决算中，车辆通行费和彩票公益金都属于政府性基金的范围。

基本原则,需要不断完善政府性基金的征收依据。如果说我国目前尚不能将所有政府性基金的征收依据上升到法律层面,那么我国也至少应当将其征收依据上升到国务院和省级人大的法规条例层级上来。具体来说,就是不再允许财政部的各司局发布有关政府性基金(及政府收费)项目的文件,将政府性基金(及政府收费)项目的设立权及相关制度的设定权上收到财政部甚至国务院。在操作层面上,可由司局机关拟定相关文件,由条法司初审,由财政部部务会审定发布。第三,根据社会经济发展趋势和对微观经济减费让利的需求,我国需要进一步缩减政府性基金的数量和规模,切实减轻企业和居民的负担。从我国宏观数据来看,企业和居民的税费负担率并不轻,在一定程度上减弱了企业的投资需求和投资能力,也减弱了居民的消费需求和消费能力,这对于我国实现新经济新战略的转型是非常不利的。特别是在全球掀起新一轮减税风潮的背景下,我国更需要审时度势,通过税费联动改革,减轻微观企业和居民的实际负担。

当然,鉴于基层政府的国有资本经营收入规模相对较小,而社会保险基金收入具有特定的专款专用性质,此处就不赘述了。

参考文献

毕金平:《论我国法定外地方税立法权的证成与实践》,《法学论坛》2017年第11期。

陈炳辉:《国家治理复杂性视野下的协商民主》,《中国社会科学》2016年第5期。

陈龙、吴波:《健全地方税体系须以提升国家治理效能为重心》,《地方财政研究》2020年第5期。

陈少英:《可持续的地方税体系之构建——以税权配置为视角》,《清华法学》2014年第9期。

陈志勇、张超:《财政分权对我国地方政府教育支出的影响研究——基于省级面板数据的实证分析》,《教育与经济》2012年第4期。

程兰芳、邓蔚:《人口老龄化对社会保障支出的影响研究》,《华东经济管理》2022年第1期。

崔志坤、王振宇、常彬斌:《"营改增"背景下完善地方税体系的思考》,《经济纵横》2014年第1期。

崔志坤、李娜、胡斯:《构建地方税体系的现实约束及优化方向》,《经济纵横》2016年第4期。

[美]戴维·伊斯顿:《政治生活的系统分析》,王浦劬等译,

华夏出版社 1999 年版。

邓力平、邓秋云：《健全地方税体系的分析框架：理论原则与运用实例》，《东南学术》2022 年第 4 期。

邓子基：《如何在新一轮税制改革中逐步完善地方税制》，《福建论坛·人文社会科学版》2005 年第 3 期。

邓子基：《建立和健全我国地方税系研究》，《福建论坛·人文社会科学版》2007 年第 1 期。

樊丽明、杨志勇：《公共财政概论》，高等教育出版社 2019 年版。

费茂清、石坚：《论我国地方税体系重构的目标与途径》，《税务研究》2014 年第 4 期。

冯俏彬、李贺：《中国式财政分权与地方税体系建设》，《税收经济研究》2020 年第 2 期。

傅勇、张晏：《中国式分权与财政支出结构偏向：为增长而竞争的代价》，《管理世界》2007 年第 3 期。

甘行琼、刘大帅：《完善地方税体系促进流动人口公共服务供给》，《税务研究》2016 年第 1 期。

高培勇：《社会主义初级阶段税制改革模式选择的思路》，《财贸经济》1988 年第 11 期。

高培勇：《西方税收——理论与政策》，中国财政经济出版社 1993 年版。

高培勇：《由适应市场经济体制到匹配国家治理体系——关于新一轮财税体制改革基本取向的讨论》，《财贸经济》2014 年第 3 期。

高培勇：《论国家治理现代化框架下的财政基础理论建设》，《中国社会科学》2014 年第 12 期。

高亚军：《中国地方税研究》，中国社会科学出版社 2012 年版。

高亚军、王倩、廖霞林：《论零售税的地方税主体税种地位》，

《中南民族大学学报》（人文社会科学版）2015年第5期。

葛静：《"营改增"后重构我国地方税系的思路和选择》，《税务研究》2015年第2期。

葛静：《联动改革框架下构建以现代房地产税为核心的地方税体系研究》，经济科学出版社2015年版。

谷成：《分税制框架下的地方税体系构建》，《税务研究》2014年第10期。

谷成、李超群：《完善地方税体系再思考》，《地方财政研究》2020年第5期。

顾昕：《走向互动式治理：国家治理体系创新中"国家·市场·社会关系"的变革》，《学术月刊》2019年第1期。

关礼：《构建我国地方税体系的探索》，《税务研究》2014年第4期。

郭庆旺、吕冰洋：《地方税系建设论纲：兼论零售税的开征》，《税务研究》2013年第11期。

郭月梅：《"营改增"背景下完善地方税体系的探讨》，《财政研究》2013年第6期。

韩仁月、常世旺：《消费税适宜成为地方税吗？——基于山东省30家酒类企业的调查》，《税务研究》2017年第5期。

韩绍初：《中国增值税应进行第三次重大改革》，《涉外税务》2010年第9期。

韩晓琴、曹永旭：《"营改增"背景下地方税体系建设的路径选择》，《哈尔滨商业大学学报》（社会科学版）2016年第1期。

侯一麟、马海涛：《中国房地产税实施政策建议》，中央财经大学，中国财经政策发展协同创新中心工作论文，2015年。

胡洪曙：《构建以财产税为主体的地方税体系研究》，《当代财经》2011 年第 2 期。

黄琼、赵士祥：《财产税作为地方主体税种的可行性分析》，《扬州大学税务学院学报》2004 年第 4 期。

贾康、梁季：《我国地方税体系的现实选择：一个总体架构》，《改革》2014 年第 7 期。

贾康、白景明：《县乡财政解困与财政体制创新》，《经济研究》2002 年第 2 期。

江必新、邵长茂：《论国家治理商数》，《中国社会科学》2015 年第 1 期。

匡小平、刘颖：《制度变迁、税权配置与地方税体系改革》，《财经问题研究》2013 年第 3 期。

赖勤学：《可否将消费税改造成地方税主体税种?》，《中国税务报》2013 年 7 月 17 日第 02 版。

赖勤学、林文生：《试析我国地方税体系的制度安排》，《税务研究》2014 年第 4 期。

李木子：《我国地方税主体税种选择问题研究》，《山东社会科学》2016 年第 2 期。

李升：《地方税体系：理论依据、现状分析、完善思路》，《财贸经济》2012 年第 6 期。

李文：《我国房地产税收入数量测算及其充当地方税主体税种的可行性分析》，《财贸经济》2014 年第 9 期。

李羡於：《消费税划归地方税的利弊分析及改革建议》，《地方财政研究》2016 年第 10 期。

李峰、付晓枫：《地方主体税种培育问题研究——以经济发展理论为视角》，《财政研究》2015 年第 3 期。

梁伟、张慧颖、姜巍：《环境税"双重红利"假说的再检验——

基于地方税视角的分析》，《财贸研究》2013年第8期。

林继红：《从完善地方税体系的视角看我国消费税改革》，《中国物价》2015年第12期。

林颖、欧阳升：《零售消费税：我国现行地方主体税种的理性选择》，《税务研究》2014年第12期。

林志勇、赵海滨、王建义等：《借鉴国际经验完善我国地方税制》，《税务研究》2005年第3期。

刘家义：《论国家治理与国家审计》，《中国社会科学》2012年第6期。

刘建徽、安然、周志波等：《包容性发展背景下中国地方税体系构建研究》，《宏观经济研究》2014年第6期。

刘建徽、周志波：《完善我国地方税体系研究》，《财经问题研究》2016年第2期。

刘剑文、侯卓：《现代财政制度的法学审思》，《政法论丛》2014年第2期。

刘剑文：《地方税立法的纵向授权机制设计》，《北京大学学报》（哲学社会科学版）2016年第5期。

刘军：《我国税制结构、税收负担与经济增长的实证分析》，《财政研究》2006年第2期。

刘明慧：《地方税权的效率机制探讨》，《税务研究》2004年第9期。

刘蓉：《论我国分税制体制与地方税改革》，《税务研究》2016年第8期。

刘荣：《确立财产税在地方税中的主体地位初探》，《现代财经——天津财经学院学报》2005年第12期。

刘仁济、杨得前、孙璐：《消费税作为地方税主体税种的可行性研究》,《财政科学》2021年第9期。

刘尚希:《财政改革、财政治理与国家治理》,《理论视野》2014年第1期。

刘天琦、李红霞、刘代民:《新形势下地方税体系重构路径探析》,《税务研究》2017年第4期。

刘佐:《新中国遗产税的发展与展望》,《税务研究》2000年第8期。

刘佐:《税收法定主义视野下的地方税立法研究》,《财经法学》2016年第2期。

罗鸣令、祝心怡:《地方税系助推地方政府性债务风险防控》,《税务研究》2016年第8期。

楼继伟:《中国政府间财政关系再思考》,中国财政经济出版社2013年版。

鲁子问:《国家治理视野的考选制度改革》,《当代世界与社会主义》2009年第4期。

吕冰洋:《零售税的开征与分税制的改革》,《财贸经济》2013年第10期。

吕冰洋:《央地关系:寓活力于秩序》,商务印书馆2022年版。

吕同舟:《政府职能转变的理论逻辑与过程逻辑——基于国家治理现代化的思考》,《国家行政学院学报》2017年第5期。

吕炜:《转移支付、税制结构与经济高质量发展——基于277个地级市数据的实证分析》,《经济学家》2020年第11期。

马海涛、姜爱华:《优化税权配置完善地方税体系》,《税务研究》2011年第11期。

马骏:《国家治理现代化的中西语境与发展理路——基于现代性的分析视角》,《太原理工大学学报》(社会科学版)2022年第6期。

马克和：《国外构建地方税体系的实践经验借鉴》，《税务研究》2016年第12期。

马骁、周克清：《建立现代财政制度建设的逻辑起点与实现路径》，《财经科学》2014年第1期。

马骁、周克清：《国家治理、政府角色与现代财政制度》，《财政研究》2016年第1期。

马骁、周克清：《财政学》（第五版），高等教育出版社2022年版。

茅孝军：《迈向地方税的消费税改革：制度基础与风险防范》，《地方财政研究》2020年第2期。

米建国、庞凤喜：《改革财产税制应成为完善地方税制的突破口》，《税务研究》2004年第4期。

潘明星、李玉军：《公共财政与我国地方税体系建设》，《山东财政学院学报》2004年第4期。

潘明星：《税权纵向划分研究》，《中国法学会财税法学研究会2007年年会暨第五届全国财税法学学术研讨会论文集》，2007年。

庞凤喜、潘孝珍：《财政分权与地方政府社会保障支出——基于省级面板数据的分析》，《财贸经济》2012年第2期。

彭健：《土地财政转型视角下的地方税体系优化》，《财经问题研究》2013年第8期。

齐美荣、敖汀：《确立财产税在地方税中主体地位的研究》，《扬州大学税务学院学报》2009年第1期。

全球治理委员会：《我们的全球伙伴关系》，牛津大学出版社1995年版。

任一、周立群：《多元主义与合作主义——国家治理与我国商协会体制探索》，《学术研究》2008年第6期。

［美］塞缪尔·亨廷顿：《变化社会中的政治秩序》，王冠华等

译,上海人民出版社 2008 年版。

石亚军、施正文:《建立现代财政制度与推进现代政府治理》,《中国行政管理》2014 年第 4 期。

石子印:《中国地方税:配置机理与体系重构》,《财贸研究》2015 年第 1 期。

石子印:《中国地方税的界定标准与体系重构研究》,《当代财经》2015 年第 5 期。

石子印:《我国地方税系的重构——基于税收分布视角》,《财经理论与实践》2016 年第 6 期。

孙文基:《完善我国地方税体系的研究》,《苏州大学学报》(哲学社会科学版) 2016 年第 6 期。

孙英杰、林春:《税制结构变迁与中国经济增长质量——对地方政府税收合意性的一个检验》,《经济科学》2018 年第 5 期。

唐婧妮:《构建地方税体系的难题及建议》,《税务研究》2014 年第 4 期。

田志刚、丁亚婷:《构建现代地方税体系的理念、路径与策略》,《税务研究》2015 年第 2 期。

唐向:《构建公共财政框架下的地方税体系》,《经济问题探索》2002 年第 7 期。

汪孝德、叶子荣、尹音频:《中国社会主义税制理论研究》,成都科技大学出版社 1992 年版。

汪星明:《完善地方税体系的国际借鉴》,《国际税收》2014 年第 10 期。

王珺红、张磊:《财政分权、公众偏好与社会保障支出——基于省际面板数据的实证研究》,《财贸研究》2013 年第 4 期。

王敏、曹润林:《分税制、城镇化进程与地方税体系完善研究》,

《财政研究》2015年第8期。

王浦劬：《国家治理、政府治理和社会治理的含义及其相互关系》，《国家行政学院学报》2014年第3期。

王浦劬、季程远：《新时代国家治理的良政基准与善治标尺——人民获得感的意蕴和量度》，《中国行政管理》2018年第1期。

王乔、席卫群：《现代国家治理体系下的地方税体系构建研究》，经济科学出版社2015年版。

王乔、席卫群、张东升：《对我国地方税体系模式和建构的思考》，《税务研究》2016年第8期。

王庆：《论现代财政与公共财政：兼述我国现代财政制度的构建》，《当代财经》2014年第10期。

王森：《我国地方主体税种的选择与地方税体系建设》，《当代经济》2020年第1期。

王绍光、王有强：《建立现代财政制度——兼谈农村"费改税"的思路》，《税务研究》2001年第10期。

王曙光：《新时代地方税体系的科学内涵与构建》，《税务研究》2019年第1期。

王玉玲、胡瑞华：《新时代地方治理与民族地区健全地方税体系》，《中南民族大学学报》（人文社会科学版）2022年第3期。

王云多：《工业化对我国社会保障支出的影响分析》，《商学研究》2022年第4期。

王蕴、田建利：《构建以财产税为主体税种的地方税体系》，《税收经济研究》2012年第4期。

王志扬、张平竺：《地方税体系建设：理论基础和主体框架分析》，《税务研究》2016年第8期。

［美］维托·坦茨：《政府与市场：变革中的政府职能》，王宇

等译，商务印书馆 2014 年版。

闻媛：《我国税制结构对居民收入分配影响的分析与思考》，《经济理论与经济管理》2009 年第 4 期。

吴利群：《构建财产税为我国地方税主体税种的可行性研究》，《税务研究》2005 年第 5 期。

吴希慧：《消费税作为地方税主体税种的可行性研究》，《会计之友》2014 年第 26 期。

谢美娥、谷树忠：《我国资源税的功能缺陷研究及改革建议》，《宏观经济研究》2017 年第 3 期。

行伟波：《地方财政困境的成因及地方税改革的模拟》，《财政研究》2013 年第 5 期。

熊伟：《税收法定原则与地方财政自主——关于地方税纵向授权立法的断想》，《中国法律评论》2016 年第 1 期。

徐建国：《中国地方税体系研究》，中国财政经济出版社 2014 年版。

徐全红：《我国地方税体系构建中的资源税定位与改革》，《河南师范大学学报》（哲学社会科学版）2017 年第 5 期。

徐湘林：《"国家治理"的理论内涵》，《人民论坛》2014 年第 10 期。

燕继荣：《制度、政策与效能：国家治理探源———兼论中国制度优势及效能转化》，《政治学研究》2020 年第 2 期。

杨灿明：《中国地方政府的职能划分与级次改革研究》，http：//www.doc88.com/p－9983956650542.html，2012 年。

杨慧、石子印：《地方税系的多元化与规律性：以 OECD 国家为例》，《经济与管理评论》2017 年第 7 期。

杨卫华、严敏悦：《应选择企业所得税为地方税主体税种》，《税务研究》2015 年第 2 期。

杨雪冬、陈晓彤：《国家治理现代化的空间逻辑》，《中国人民大学学报》2022 年第 5 期。

杨志安、郭矜：《完善地方税体系　培育地方性主体税种》，《税务研究》2014 年第 4 期。

杨志勇：《消费税制改革趋势与地方税体系的完善》，《国际税收》2014 年第 3 期。

杨志勇：《现代财政制度：基本原则与主要特征》，《地方财政研究》2014 年第 6 期。

杨志勇：《以有效提供地方公共服务为中心：从健全地方税体系到健全地方政府融资体系》，《国际税收》2021 年第 9 期。

叶金育：《法定原则下地方税权的阐释与落实》，《苏州大学学报》（哲学社会科学版）2016 年第 5 期。

尹音频、张莹：《消费税能够担当地方税主体税种吗?》，《税务研究》2014 年第 5 期。

俞可平：《治理与善治》，社会科学文献出版社 2000 年版。

俞可平：《国家治理的中国特色和普遍趋势》，《公共管理评论》2019 年第 1 期。

于淼：《税收法定视野下地方税体系之完善——一个地方税立法权的视角》，《法学杂志》2021 年第 3 期。

翟继光：《论税收国家建设》，《财税法论丛》（第 9 卷）（刘剑文主编），法律出版社 2007 年版。

张斌：《事权与支出责任视角下的地方税体系建设》，《税务研究》2016 年第 9 期。

张斌：《新发展阶段与地方税体系建设》，《税务研究》2021 年第 10 期。

张德勇:《健全我国地方税体系的现实选择》,《税务研究》2018年第4期。

张青、林颖、魏涛:《中国税权划分改革研究》,经济科学出版社2013年版。

赵岚:《"双主体税种"税制结构理论质疑》,《税务与经济》1999年第1期。

赵灵萍:《地方税主体税种探讨》,《税务研究》2012年第3期。

郑磊:《高等教育规模与经济增长的互动——基于高校内涵式发展视角的反思》,《国家教育行政学院学报》2014年第11期。

周克清:《我们到底需要什么样的房地税制度》,《会计之友》2016年第4期。

周克清、项梓鸣:《关于我国地方税系建设的若干思考》,《税务研究》2013年第11期。

周克清、马骁:《现代国家治理与财政制度建设的价值追求与实现路径》,《经济学家》2014年第10期。

周克清、杨昭:《世界各国新一轮减税浪潮:比较与启示》,《税务研究》2017年第8期。

周克清:《税制结构的非均衡性:理论、实证与对策研究》,中国税务出版社2017年版。

周克清、刘文慧:《税收遵从与法律实施:环保税征管体系的完善路径分析》,《会计之友》2019年第17期。

周克清、郑皓月:《平台经济下个人所得税纳税遵从研究——基于信息不对称的视角》,《税务研究》2021年第1期。

朱青:《完善我国地方税体系的构想》,《财贸经济》2014年第5期。

朱润喜:《中国地方税系重构的逻辑局限:规模与结构视角》,

《地方财政研究》2017 年第 6 期。

朱为群、唐善永、缑长艳:《地方税的定位逻辑及其改革设想》,《税务研究》2015 年第 2 期。

朱云飞:《流转税能否成为地方税主体税种——兼论我国流转税的改革方案与利弊》,《地方财政研究》2016 年第 4 期。

Arnold, J., *Do Tax Structures Affect Aggregate Economic Growth: Empirical Evidence from a Panel of OECD Countries*, Paris: OECD Economics Department, 2008 (51).

Berle, A. & Means, C., *The Modern Corporation and Private Property*, Macmillan, New York, 1932.

Bird, Richard & Enid Slack, *International Handbook of Land and Property Taxation*, London: Edward Elgar Publishing, 2004.

Bird. Richard M., *Subnational Taxation in Developing Countries: A Review of the Literature*, World Bank Working Paper, 2010.

Boadway, Robin, *Tax Assignment in the Canadian Federal System*, In Reshaping Fiscal Federalism in Australia, Neil a, Warren (ed.), Sidney: Australian Tax Foundation, 1997: 61 - 90.

Charles, E., McLure Jr., *Tax Assignment in Federal Countries*, Canberra: Australian National University Press, 1983.

Dahlby, B., Fiscal Externalities and the Design of Intergovernmental Grants, *International Tax and Public Finance*, 1996, 3: 397 - 412.

Dillinger, William, *Urban Property Tax Reform*, Washington, DC: World Bank, 1991.

Ebel, Robert D. & Robert Taliercio, Subnational Tax Policy and Administration in Developing Economies, *Tax Notes International*, March 2005: 919 - 936.

Esteller-Moré, Alejandro, Is There a Connection between the Tax Administration and the Political Power? *International Tax and Public Finance*, 2005, 12 (5): 639–663.

Flowers, Marilyn R., Shared Tax Sources in a Leviathan Model of Federalism, *Public Finance Quarterly*, 1988, 16 (1): 67–77.

Fox, William and LeAnn Luna, Subnational Taxing Options: Which is Preferred, A Retail Sales Tax or a VAT?, *Journal of State Taxation*, 2003 Winter.

George Stigler, Tenable Range of Functions of Local Government, *Federal Expenditure Policy for Economic Growth and Stability*, 1957: 213–219.

Gordon, Roger H., An Optimal Taxation Approach to Fiscal Federalism, *The Quarterly Journal of Economics*, 1983, 98 (4): 567–586.

Grady, Patrick, An Analysis of Personal Income Tax Flows to Provinces under the Income Tax Collection Agreements, *Global Economics*, December 1997.

Jorge Martinez-Vazquez, Andrey Timofeev, Choosing between Centralized and Decentralized Models of Tax Administration, *International Journal of Public Administration*, October 2010.

Jorge Martinez-Vazquez & Sally Wallace, The Challenge of Design of Intergovernmental Relations in Economies in Transition, *International Journal of Public Administration*, Jun 2007.

Keen, Michael & Stephen Smith, The Future of the Value Added Tax in the European Union, *Economic Policy*, 1996, 23: 375–411.

Keen, Michael, Tax Reform in Italy, *Tax Notes International*, February 2003: 665–682.

McLure, Charles E., Jr., The Tax Assignment Problem: Ends,

Means, and Constraints, *Public Budgeting and Financial Management*, 1998, 9: 652-683.

McLure, Charles E., Jr., Tax Assignment and Subnational Fiscal Autonomy, *Bulletin for International Fiscal Documentation*, December 2000: 626-635.

Mikesell, John L., Developing Options for the Administration of Local Taxes: An International Review, *Public Budgeting and Finance*, 2007, 27 (1): 41-68.

Musgrave, Richard A., *The Theory of Public Finance*, New York: McGraw-Hill, 1959.

Musgrave, R, A., Who should tax, Where and What. C. McLure, ed., *Tax Assignment in Federal Countries*, Canberra: Center for Research on Federal Financial Relations, Australian National University, 1983.

Oates, Wallace E., *An Essay on Fiscal Federalism*, Journal of Economic Literature, 1999, 37 (3): 1120-1149.

Oates, Wallace E., *Fiscal Federalism*, New York: Harcourt Brace Jovanovich, Inc., 1972.

Tiebout, A Pure Theory of Local Expenditures, *Journal of Political Economy*, Oct. 1956.

Tresch, Richard W., *Public Finance*, Business Publications, Inc., 1981.

Wilson, John Douglas, *Theories of Tax Competition*, National Tax Journal, 1999, 52 (2): 269-304.

后记与致谢

本书源自国家社科基金一般项目"现代财政制度框架下的地方税系研究"(14BJY165)的结项成果,也是国家社科基金重大项目"现代国家治理体系下我国税制体系重构研究"(14ZDB132)的系列研究成果之一。课题结项后,我又根据社会经济发展的客观需要和理论研究的最新成果,对原结项成果进行了完善,形成了本书的框架。课题虽已结项,书稿也已完成,似乎可以暂时画上一个句号;但回首整个研究的过程,感慨颇多,需要感谢的人太多,的确不是单纯几行文字就能够完全承载和表达的!

首先,感谢我的博士后合作导师高培勇教授。高老师高屋建瓴,搭建了"现代国家治理体系下我国税制体系重构研究"课题的基本框架,为课题高质量的完成提供了保证。高老师学识渊博、治学严谨、平易近人,学术视野宽广,学术洞察力敏锐,实乃中国财税学界之大家。感谢高老师对课题研究的悉心指导和督促,否则本书也不可能这么快完稿。

其次,感谢课题组团队全体成员和相关合作研究者。全体课题组成员通力合作、众志成城,共同完成多项研究成果,为本书的顺利出版奠定了坚实的基础。比如,马骁教授与我一起合作撰写了多篇关于现代财政制度建设的文章,为本书的研究奠定了理论基础。胡潇博士设计了企业税费调查问卷并进行了扎实的分析;乐一乐硕士、张露硕士和王辉鹏硕士为第四章的撰写和修改完善进行了卓有成效的计量研究工作。因此,本书实际上是多项研究基础上的综合性成果,从某种程度上讲也是一项合作成果。

再次,感谢国家留学基金委员会和美国佐治亚州立大学徐永胜教授。2017年我在国家留学基金委的资助下到佐治亚州立大学访学,主要工作就是对该课题进行研究,得到了合作导师徐永胜教授的精心指导和生活照顾。感谢安德鲁·杨政策学院(Andrew Young School of Policy Studies)提供的访问机会,感谢 Sally Wallace、Jorge Martinez-Vazquez 等教授的理论指导和热诚接待。感谢袁艺、葛泽慧、黎萍、袁继红、黄帅、彭巍等在访学期间给予的生活照顾和精神支持。

最后,感谢西南财经大学党委副书记马骁教授在学术之路上的指引,让我少走了很多弯路,他还特别拨冗为本书作序。感谢西南财经大学财政税务学院的领导和同事,为课题研究和书稿完成提供了充分的支持。感谢我的家人,正是他们支撑和激励着我在人生道路上坚定信念、不断前行,我取得的所有成绩无疑均有他们的一份。感谢书稿写作所参考和引用文献的各位作者,本书的完成无不闪耀他们的光辉思想。感谢中国社会科学院张斌研究员和蒋震副研究员为本书的顺利出版所做的不懈努力,感谢中国社会科学出版社王曦主任耐心细致的编辑工作。

当然,多年的研究使我深知学无止境,而本人才疏学浅,恳请各位学界前辈和同人对本书批评指正。

周克清

2023年5月